Ernst von Destouches

Die ehemaligen Spitäler und Convente der Barmherzigen Brüder

und der Elisabethinerinnen in München

Ernst von Destouches

Die ehemaligen Spitäler und Convente der Barmherzigen Brüder
und der Elisabethinerinnen in München

ISBN/EAN: 9783743684065

Hergestellt in Europa, USA, Kanada, Australien, Japan

Cover: Foto ©ninafisch / pixelio.de

Weitere Bücher finden Sie auf **www.hansebooks.com**

ehemaligen Spitäler und Convente

der

Barmherzigen Brüder

und der

Elisabethinerinnen

in München.

Urkundliche Beiträge zur Geschichte Münchens

von

Ernst von Destouches.

Vorgetragen in den Plenar-Versammlungen des historischen Vereins
von und für Oberbayern am 1. März und 1. Mai 1869.

(Aus dem XXIX. Bande des Oberbayerischen Archivs besonders abgedruckt.)

München, 1869.
Kgl. Hofbuchdruckerei von Dr. C. Wolf & Sohn.

Das ehemalige Spital und die Kirche der Barmherzigen Brüder zu St. Max vor dem Sendlingerthore.

Unter denjenigen Wohlthätigkeitsanstalten, welche München im vorigen Jahrhunderte ausschließlich für Krankenpflege besaß, nimmt unstreitig den ersten Rang ein das Spital der Barmherzigen Brüder zu St. Max vor dem Sendlingerthor, welches an der Stelle stand, wo jetzt das große städtische Krankenhaus sich erhebt, und es muß nur als höchst auffallend erscheinen, daß alle Werke, welche bisher über München erschienen, desselben nur höchst flüchtig und der dabei befindlichen Kirche zu St. Max, die doch in mehr als einer Beziehung denkwürdig war, fast gar nicht erwähnen. Erst im Jahre 1834 erschien bei Gg. Franz ein kleines verdienstvolles Werk von Dr. Anselm Martin, betitelt „Geschichtliche Darstellung der Kranken- und Versorgungs-Anstalten zu München mit medizinisch-administrativen Bemerkungen aus dem Gebiete der Nosokomialpflege", welches zuerst einige geschichtliche Daten, insbesondere über die Entstehung und die Einrichtung des genannten Spitals enthält. Da aber auch diese, wie es nicht anders sein konnte, nur unvollständig sind, indem deren Verfasser die Mehrzahl der wichtigeren urkundlichen und amtlichen Quellen nicht zugänglich waren, so glaube ich allen denen, welche sich für die Vergangenheit der Stadt München interessiren, durch nachfolgende aus den noch vorhandenen und im Stadtarchiv und in der Registratur der städtischen Stiftungen befindlichen Urkunden und Akten geschöpfte Beschreibung und Geschichte des Spitals und der Kirche zu St. Max einen nicht uninteressanten Beitrag zur Geschichte der Stadt München selber zu liefern.

1*

Gründer des Spitals war Churfürst Maximilian Joseph III., welcher, vorzüglich auf Verwendung des Grafen Maximilian Emanuel von Perusa, im Jahre 1750 die Einführung der Fratres misericordiae Ordinis St. Joannis de Deo in Bayern und in seiner Churfürstlichen Haupt- und Residenzstadt München bewilligte und denselben unterm 1. Juni 1759 einen Churfürstlichen Consensbrief zu einer Geld- und Naturaliencollecte in München und in den Regierungs-Distrikten sub titulo fundationis ertheilte.

Der Orden der Barmherzigen Brüder hatte schon früher, dem Churfürsten Max III. mit der Bitte angelegen, ein Hospital in München gründen zu dürfen, und insbesondere um Ueberlassung des „Bruderhauses am Kreuz" supplicirt, welche Bitte aber nach geschehener Vernehmung des Stadtmagistrats als „unthunlich" befunden und abschlägig beschieden worden war. Im Jahre 1749 erneuerten sie ihre Bitte, worauf unterm 17. April 1750 ihnen die landesherrliche Bewilligung zur Einführung ihres Ordens im Münchener Burgfrieden und die Erhandlung eines Gartens behufs Erbauung eines Spitals, einer Kirche, Anlegung eines Freithofs und auch die erbetene Sammlung in der Stadt und auf dem Lande unter nachfolgenden Bedingungen ertheilt wurde:

1) sollten sie sich selbst fundiren und hiezu keine anderen milden Stiftungen zu Beiträgen in Anspruch nehmen;

2) wegen der jurium parochialium den Consens vom Ordinariat (Freising) auswirken;

3) in der Stadt oder außerhalb ihres Klosters weder Medicamente abgeben, noch die Chirurgie dortselbst exerciren;

4) alle Krankheiten außer der incurablen, venerischen, hinfallenden und leprosen zu curiren annehmen;

5) bündigst dahin reversiren, daß ihre Verrichtungen Niemand zu einiger Beschwerde gereichen, viel weniger ihre Reception dem churfürstlichen Aerario zur Last, oder den Jaribus fisci zum Nachtheile gereichen, Alles unter der ausdrücklichen Clausula commissoria, daß im Zuwiderhandlungsfalle dieser churfürstliche Consens ipso facto nichtig und sie pro non receptis gehalten werden sollen. Dagegen sollte vom selbigen Tage an den auswärtigen, nicht bayerischen barmherzigen Brüdern das Sammeln im Lande verboten sein, um den hiesigen mehr Fundationszuflüsse zuzuführen.

Behufs Einhaltung dieser Conditiones und Clauseln hatte der Provincial res Ordens über die deutsche Provinz ad St. Michael.

Archang., Frat. Michael Schwanda, einen Revers ausgestellt, ohne jedoch von seinem Ordensgeneral in Rom hiezu bevollmächtigt worden zu sein. Als den Barmherzigen Brüdern die nachträgliche Beibringung der Vollmacht und des Ratificatoriums zur Pflicht gemacht wurde, so ertheilte der Ordensgeneral Andreas Riccioni d. d. Rom, 28. Juli 1758 dem Provincial Pat. Leo Kurz, Provinciae St. Mich. Archang. Germaniae General- und Specialvollmacht zur Ratificirung des von seinem Vorfahrer Mich. Schwanda unterschriebenen Reverses, was Pat. Leo Kurz mittels weiteren Reverses d. d. Alt-Prag 29. September 1758 auch that.

Da nun die Conventualen behufs schnellerer Erbauung ihres Klosters und Spitals zur Aufnahme von Darlehen von befreundeten Klöstern gezwungen waren, in ihrem Wirken aber sich gelähmt sahen, wenn ihnen nicht Stabilität zuerkannt wäre, so wendeten sie sich an den Churfürsten um Cassirung jener (oben angeführten) Reversalen, d. h. zur Anerkennung der Stabilität für den Orden in Bayern, welche Bitte ihnen zwar im Jahre 1756 abgeschlagen, unterm 4. Aug. 1757 aber endlich genehmigt wurde.

Die verwittwete römische Kaiserin Maria Amalie, geb. Königliche Prinzessin von Ungarn und Böhmen, Erzherzogin von Oesterreich ꝛc. (die Wittwe des deutschen Kaisers und bayer. Churfürsten Karl Albert VII.) hatte es übernommen, dem Märtyrer St. Maximilian zu Ehren den ersten Stein zu legen zum Spital der barmherzigen Brüder, und hiezu 3000 fl. gespendet. So konnte schon i. J. 1752 der Bau des Spitals beginnen, wobei Franz Anton Kirchgraber Baumeister war. Der Ankauf des hiezu nöthigen Areals war bereits im Jahre 1750 durch Erwerbung des sogenannten Holzapfelgartens vor dem Sendlingerthor effectuirt worden, und da dieser das erforderliche Spatium nicht faßte, um außer dem Spital auch noch die Apotheke, den Kräutergarten, den Freithof, die Kirche und das Kloster darin zu erbauen, erbaten und erwirkten sie die churfürstliche Erlaubniß zur Erwerbung anderweitiger Gründe. Sie erkauften deßhalb von Hieronymus Graf v. Spreti am 25. Sept. 1750 dessen Garten und Behausung um 3300 fl., welche genannter Graf am 9. Juni 1750 auf der Gant des churfürstl. Tücherknechtes Joh. Ransperger um 3257 fl. eingethan hatte; und am 26. Okt 1752 kaufte der Konvent von der Maria Magdalena Euzingerin deren 5 Tagwerk haltenden Anger vor dem Sendlingerthor um 2700 fl.

Laut einer von Amtswegen abgeforderten Berichtsanzeige über

den wahren Stand des Klosters d. d. 1. März 1770 waren bis Ende
December 1769 für Grunderwerb und Baukosten im Ganzen 60,365 fl.
aufgewendet worden, wobei zu bemerken kommt, daß der Bau noch
nicht einmal ganz vollendet war. Hiezu hat die deutsche Ordens-
Provinz beigetragen 10,294 fl. (exclusive des unten zur Erwähnung
kommenden Tüll'schen Fundations-Kapitals von 6486 fl.); von den
Stiftkapitalien für Krankenbetten wurden 13,600 fl. verwendet, und
der Rest mit 36,500 fl. aus den Erträgnissen der Sammlungen ge-
deckt, welche sie vom hiesigen Kloster aus über Augsburg, Günzburg
bis über Freiburg hinaus am Rhein und in der Schweiz veran-
stalteten.

Um Unterstützung zum Bau hatten sie sich überdieß, und zwar
meist mit Erfolg, an die Landschaft, den Churfürsten um Bauholz aus
dem Wolfratshausener Forst, an den Bischof von Freising um Bauholz
aus seiner Grafschaft Werdenfels, auch an den Magistrat München
gewendet, welcher ihnen Vorspann versprach.

Am 26. Okt. 1757 bewilligte Bischof Johann Theodor von Frei-
sing, daß die in dem Reverse der Fratres misericordiae enthaltene
deren Eremition beschränkende Clausel dahin abgeändert werde, daß dem
Ordinariat jederzeit nicht nur die Cognition gebühre, sondern auch die
Macht zustehe, die barmherzigen Brüder zu genauer Beobachtung ihrer
Reversalen anzuhalten. Die barmherzigen Brüder brachten es bald
durch das fleißige Sammeln auf dem Lande, welches ihnen auch die
Fürstbischöfe von Eichstätt, Augsburg und Freising, letzterer vermöge
Urkunde vom 15. Februar 1781, jährlich dreimal im ganzen Bisthum
Freising bewilligte, sowie durch milde Stiftungen so weit, daß sie
ihre Anstalt einer gedeihlichen Entwicklung zuführen konnten.

Unter den Stiftungen, worüber die Original-Urkunden noch im
Stadtarchiv vorhanden sind, erwähne ich vor allem die Krankenbettstiftungen, die eine von Maximilian Emanuel von Bertrand, Grafen
von Perusa, welcher unterm 24. Mai 1751 im Convent und Hospital
der Fratres misericordiae O. S. Joannis de Deo zu München ad
Sanctum Maximilianum zu Unterhalt eines armen Kranken ein Bett
zu stiften beschlossen, und hiezu ein Stiftungskapital per 1500 fl. ent-
richtet hatte. — Unterm 21. Juni 1760 vollzog Carl Felix Graf v. Perusa
die Willensmeinung seines Vaters durch Ueberantwortung eines Stiftungskapitals von 1500 fl. und übergab unterm 26. Juni 1760 zu
gleichem Zwecke ein Kapital von 1500 fl.

Unterm 12. Januar 1766 hatte auch die Freifrau Maria Josepha

v. Widnmann, geb. Freiin v. Wunschwitz, in dasselbe Hospital ein Bett gestiftet, welche Stiftung von deren Gemahl Friedrich Dominicus Frhrn v. Widnman auf Rappernzell und Mozenhoven durch Uebergabe eines Stiftungskapitals von 1500 fl. vollzogen ward.

Der gew. freiresignirte kaiserliche Reichs-Oberpostamts-Verwalter Alexander Schueller (nicht Schneller, wie es wahrscheinlich in Folge eines Druckfehlers in der Martin'schen Schrift heißt) setzte das Spital der Barmherzigen Brüder zum Universalerben ein, weßhalb dasselbe in den Besitz ansehnlicher Ewiggeldkapitalien gelangte; dasselbe besaß auf verschiedenen Häusern in der Stadt, auf der Bräubehausung in der Kreuzgasse, dem heutigen Promenadeplatz, auf der vorhin Klingen-spergerischen, nunmehr Ignati Sigart'schen Bürger- und Leibkürschners Behausung, so ein Eck am Markt S. Petri bildete, aus einem Haus am Roßmarkt, an der Schäfflergasse und aus einem Haus und Gärtl an der Sendlingergasse, endlich aus einem Haus im Thal Mariä im Ganzen 125 fl. ewiges jährl. Zinsgeld, was ein Ewiggeldkapital von 2500 fl. repräsentirt. Die ganze Erbschaft des genannten Schueller, welche dem Spital zufiel, betrug die Summe von 6450 fl. Darunter befanden sich auch zwei Hypothekkapitalien, das eine auf der Jos. Puerainer, B. und Leinwebers Behausung und Gärtl an der Brunn-gasse, das andere auf dem früher Anton Hofer, jetzt Stephan Huber-schen Garten und Behausung zwischen dem Isar- und Sendlingerthore.

Schließlich sei noch einer Wochenmeßstiftung erwähnt, welche mittels Urkunde d. d. 1. Juli 1774 die churfürstl. Hoffkammersecretärin Franzisca Fröschl auf den dem hl. Johann de Deo eingeweihten Altar in dem Krankenzimmer in dem Kloster der barmherzigen Brüder durch Erlegung einer Summe von 1000 fl. gemacht hat.

Damian Helfried Graf v. Tilly und Montigny, Herr auf Mar-weis und Breiteneck, gewesener churfürstl. baier. Kämmerer und Hof-rath, ein Enkel des bayer. General-Feldmarschalls Grafen v. Tilly, vermachte schon in seinem am 13. Juni 1690 errichteten Codicill zur Verpflegung armer beschädigter Soldaten den barmherzigen Brüdern in Wien 6840 fl., mit der Bedingung, daß bei Entstehung eines derlei Convents in Bayern dieses Kapital demselben sogleich cedirt werden soll. Er übertrug die Vollziehung der Stiftung seinem Haupt-erben, sie wurde später aber dem Hofrath in München übertragen. Im Jahre 1777 vermachte der geistliche Rath und Stadtpfarrer zu Kellheim, Streicher, zur Verpflegung der Kranken und zur Haltung eines Jahrtags 16,800 fl. Reichswährung. Im Jahre 1780 vermachte der Pfarrer Fav. Hörl zu Velden auf mehrere Male eine Schankung von 33000 fl. Zur selben Zeit legirte der Handelsmann Fav. Rocher in München zum Anbau eines Reconvalescentenzimmers und zur Errichtung mehrerer Krankenbetten 19,000 fl. Weitere ansehnliche Legate machten die Freifrau Maria Anna v. Schrenk, geb. Gräfin v. Hörwart, der f. Hoffammerrath Heinrich Strobl, der Salzburgische Hofrath v. Zillenberg.

Auch der Chursächsische Gesandte, Graf v. Riancour, vermachte dem Spital zur Stiftung eines Bettes für seine und seiner Familie Dienerschaft 1500 fl. Ja selbst den Kaiser Napoleon I. finden wir unter den Gutthätern des Spitals, indem derselbe bei seiner Anwesenheit in München im Jahre 1806 dem Spital zu St. Mar eine Schankung von 12000 Francs machte. Einen deutlichen Ueberblick über das gesammte Fundationsvermögen des Spitals gibt nachfolgendes, von einer besonders abgeordneten kgl. Commission am 5. Febr. 1807 verfaßtes Verzeichniß der mit dem Anfang des Etatsjahres 1807 bestehenden Fundationskapitalien, aus welchem insbesondere auch hervorgeht, in welch hochherziger Weise die Mitglieder des bayerischen Fürstenhauses das Wohlthätigkeits-Institut mit Schankungen erfreuten.

Berzeichniß

der mit dem Anfange des Etatsjahres 1807 bestehenden Fundations-Kapitalien und daran haftenden Zinsausstände beim Mar-Spitale.

Fundationen

1) Hr. General Graf Tilly . . . . 6,480 fl.
2) Hr. Graf Spreti . . . . 700 „
3) Hr. Baron Mändl . . . . 600 „
4) Seifensieder Auer in München . . . . . . 50 „
5) die Registratorswittwe Puppelin . . . . . . 100 „
6) Philippina Gräfin von Spreti . . . . . . 100 „
7) verschiedene Gutthäter . . . . 10,200 „
8) Mar Emanuel Graf v. Perusa . . . . . . 1000 „
9) Jos. Ziegler, Bräu von Aichach . . . . . . 1,700 „
10) Se. Durchlaucht Hr. Herzog Clemens von Bayern 1,500 „
11) Pfarrer Streicher von Kellheim 16,800 fl. aus der vorhandenen Baarschaft nachgetragen 5,040 fl. . . 21,840 „
12) voriger Pfarrer Streicher . . . . 200 „
13) Fräulein Josepha v. Offing . . . . 1,870 „
14) Andreas Pierling in St. Petersburg . . . . . 2000 „
15) Adam Wimmer Zahlamtsdiener . . . . . . 220 „

16) Anna Freifrau v. Schrenk . . . . 3000 fl.
17) Postverwalter Schueller in München . . . . . 1000 „
18)   „   „   „   . . . . . 500 „
19)   „   „   „   . . . . . 400 „
20 Entrepreneur des Möbel-Magazins Hilil . . . . 108 „
21) vorstehender Postamtsverwalter Schueller . . . . 100 „
22)   „   „   „   . . . . . '2000 „
23) Hr. Hofkammerrath Krezer . . . . 2000 „
24) Hr. Pfarrer Hörl in Velden . . . . 4000 „
25)   „   „   „   . . . . 7000 „
26)   „   „   „   . . . . 2000 „
27) Se. kgl. Majestät von Bayern Max Joseph . . 10,000 „
28) genannter Pfarrer Hörl 2000 fl., das Convent
    selbst 500 fl. . . . . 2,500 „
29) Hofbildhauer Gerstenz in München . . . . . 1,500 „
30) Wechsler Rockher in München . . . . . . 4000 „
31) Franz Paul Mühlbacher . . . . 500 „
32) Wechsler Rockher in München . . . . . . 2000 „
33)   „   „   „   . . . . 2000 „
34) die Congregation der Demuth Mariä bei den
    Theatinern . . . . 2,200 „
35) Hofkammerrath Joseph Strobel . . . . . . 2000 „
36) Se. Durchl. Karl Theodor Churfürst von Bayern 2000 „
37) das Convent aus heimbezahlten Kapitalien . . . 2,600 „
38) der Salzburg'sche Hofrath Zillerberg . . . . . 3000 „
39) Pfarrer Zwack von Hohenkammer . . . . . . 3000 „
40) die Fräul. Baronesse von Mayer . . . . . . 1,500 „
41) Max Graf v. Preising . . . . 250 „
42) Wechsler Rockher . . . . 2000 „
43) Bemeldeter Postverwalter Schueller . . . . . 300 „

Total-Betrag: 112,018 fl.

Von diesen Kapitalien lagen 43,320 fl. bei der Landschaft,
                    1,200 „ bei der Stadtkammer,
                   17,850 „ beim inländischen Adel,
                   21,840 „ beim ausländ. Adel und
                   27,808 „ bei Privaten an.

Was nun das Wirken des Spitals betrifft, so mag hievon einen
ungefähren Begriff nachfolgende

Summarische Anzeige

geben, über alle jene armen Kranken, welche vom Eröffnungstage des Spitals, dem 1. März 1751 bis Ende December 1768 darin unentgeltlich Pflege genossen und ihre Gesundheit erlangt oder den Tod gefunden haben. Es wurden nämlich

Anno	Personen verpflegt	Hievon curirt entlassen	Gestorben sind
1751	86	67	19
1752	134	121	13
1753	157	144	13
1754	127	117	10
1755	133	120	13
1756	178	156	22
1757	257	236	21
1758	275	247	28
1759	271	230	41
1760	269	235	34
1761	247	214	33
1762	269	237	32
1763	278	242	36
1764	342	319	23
1765	341	305	36
1766	337	297	40
1767	327	286	41
1768	351	318	33
	4379	3891	488

was also ein verhältnißmäßig günstiges Resultat ergibt, indem die Zahl der Genesenen 90, die der Verstorbenen 10 Prozent auf 18 Jahre beträgt.

Da auch der Fond sich stets vermehrte, so konnte i. J. 1794 eine ansehnliche Erweiterung des Spitals vorgenommen und dasselbe zur Aufnahme von 66 Kranken adaptirt werden, womit es allen andern gleichzeitigen Wohlthätigkeitsanstalten der Stadt München den Rang ablief und die größte und bedeutendste wurde. Bei dieser Gelegenheit wurden von dem damaligen Spitalarzte Dr. Franz Xav. Häberl jene bedeutenden Verbesserungen eingeführt, welche später beim Bau des allgemeinen Krankenhauses Anwendung fanden. Das Spital war nur zur Aufnahme von männlichen Kranken bestimmt, während für die weiblichen das Spital der barmherzigen Schwestern zu St. Elisabeth eingerichtet war.

Aber auch von trüben stürmischen Zeiten blieb das Spital nicht verschont. Bei Entstehung des Armen-Instituts i. J 1790 hatte das Kloster seine Sammlungen in der Stadt einstellen müssen, wodurch ihm ein jährlicher Entgang von circa 1200 fl. erwuchs. Das sichere Einkommen betrug nur 4000 fl., wovon täglich 40 Kranke und 30 Religiosen zu ernähren waren. Es mußte nur die Landsammlung mehr das Institut erhalten, welche sonst durchschnittlich 6000 fl. per Jahr abwarf. Durch die Kriege mit der französischen Republik aber war die Opferwilligkeit auf dem Lande so abgeschwächt worden, daß im Jahre 1800 die Sammlung dortselbst nur 3000 fl. ertrug. Deßhalb sah sich der Prior Protas Göttlinger im genannten Jahre gezwungen den Churfürsten um die Bewilligung zur Aufnahme eines Darlehens von 3000 fl. und zur einstweiligen Reducirung der Kranken auf die Zahl 20 anzugehen. Es erfolgte zwar die Genehmigung der zweiten Bitte, in ersterer Beziehung aber nur zur Aufnahme eines Darlehens von 1500 fl. — Zur Wendung verschiedener Baugebrechen wurde ihnen i. J. 1801 die Aufnahme eines zweiten Darlehens ad 1000 fl. und behufs Anschaffung von Bettzeug eines solchen ad 500 fl. zugestanden. Um ihnen noch mehr unter die Arme zu greifen, ward ihnen sogar i. J. 1803 die Erlaubniß zu einer außerordentlichen Sammlung ertheilt, welche denn auch die erkleckliche Summe von 2630 fl. abwarf.

Zur vollständigen Beleuchtung der Lage, in welcher das Spital und Kloster zu St. Mar im letzten Decennium seines Bestehens sich befunden, möge nachfolgender i. J. 1807 auf höchsten Befehl gefertigter und in Vorlage gebrachter Auszug aus zehnjährigen Rechnungen über alle Einnahmen und Ausgaben von anno 1796 bis 1805 dienen:

Anlage.

aus zehnjährigen Rechnungen des Klosters und Krankenspitals der barmherzigen Brüder zum heil. Maximilian in München über alle Einnahmen und Ausgaben von anno 1796 bis 1805 incl.

Extrahirt den 10. Juli 1807.

Einnahms-Rubrique	1796	1797	1798	1799	1800	1801	1802	1803	1804	1805
An Zinsen von aufliegendem Kapital.	4990	4090	4277	4414	4716	5047	5350	5264	5110	5110
An Stiften	80	80	80	80	30	80	41	30	30	30
An Schankungen	237	712	478	1248	406	1085	634	1100	1742	373
An Sammlungsgeldern	4849	6538	4979	6039	4761	4788	6120	6871	7202	6237
Für verkauftes Bier und Wein	467	437	417	623	606	736	297	391	624	564
Von Patienten und Zünsten, dann Verstorbenen	331	436	380	401	356	534	644	627	842	1404
An Ungerzins u. verkauftem Redutwert	108	100	106	121	90	75	107	84	75	59
An Kirchenanfällen	71	102	132	92	88	63	9	16	12	17
Gemeine und sonderbare Einnahme	1054	500	196	145	250	245	468	846	890	1681
	11197	12995	11045	13166	11300	12652	13670	16229	16527	15475

Ausgaben dagegen von denen Jahren

Ausgabe-Rubriquen	1796	1797	1798	1799	1800	1801	1802	1803	1804	1805
Auf Kuchl	{6571	{7705	{6919	3531	4209	4718	5258	4966	6093	5182
Auf Kellerei				3380	1490	2992	856	5380	3981	809
Auf Bäckerei				1092	1051	877	1847	2289	2169	2945
Auf erkauftes Brennholz				627	748	628	725	1055	1197	1172
Auf Handwerksleute	{1607	{1997	{1913	473	671	526	1465	1139	780	863
Auf Besoldungen und Liedlöhner				487	420	409	454	439	476	468
Auf Schneiderei und Näherei				128	83	118	167	170	187	163
Auf Leinwand, Spinn-, Wirker- und Bleicher-Lohn				185	407	444	447	205	195	181
Auf Apotheke, Kranke und Reconvalescenten	814	797	689	628	537	647	1096	1214	1147	1072
Auf Kirchen und Gottesdienst	243	256	240	209	227	67	142	185	143	176
Auf bezahlte Zinsen resp. Interessen	—	—	—	—	—	110	163	160	160	92
Auf nachgelassene und verlorene Zinsen	—	—	80	40	40	—	40	—	584	331
Sonderbare Ausgaben	2956	2281	793	1254	1150	1839	1596	1093	1264	1062
	12191	13036	10634	12154	11023	12875	14256	18275	18376	14516

Ich wende mich nun zu einer Beschreibung der Verhältnisse des Convents.

Der Orden der Barmherzigen Brüder gestiftet i. J. 1540 zu Granada von Johannes de Deo', bestätigt von Papst Pius V., stand und steht bekanntlich noch unter einem Ordens-General, welcher in Rom seine beständige Residenz hat. Derselbe ist nach Ländern in sogenannte Provinzen unter einem Provincial abgetheilt, und führt die deutsche Ordens-Provinz den Namen: Provincia S. Michaelis Archang. Germaniae.

Der Provincial über dieselbe hat seinen Sitz im Kloster ad SS. Apostolos Sim. et Jud. in Alt-Prag.

Unter diesem Provincial stand der Conventus fratrum misericordiae O. S. Joannis de Deo ad St. Maximilianum zu München mit einem Prior an der Spitze.

Der erste Prior zu München war Frater Alanus Leßniber, welchem Riccardus Reichler folgte. Um das Jahr 1779 begegnen wir einem Prior Palatinus Mayer, welchem Dionys Minder folgte. Im Jahre 1791 war ein Ezechiel Kayser, 1793 Irenäus Strobl, 1799 Protas Göttlinger, 1805 Constantinus Miehling Prior, und die Reihe der Prioren schließt mit Joh. v. Gott Stiftseher, unter dessen Priorat die Auflösung und Entkuttung des Convents erfolgte.

Zufolge einer von König Max Joseph eigenhändig unterzeichneten und von Montgelas contrasignirten allerh. Entschließung dd. 17. Aug. 1808 mußte ein ausführlicher Personaletat über die sich im Kloster zu St. Max befindlichen Religiosen angefertigt werden. Nach demselben zählte der Convent im genannten Jahre 20 Religiosen, deren Namen ich, da sie die letzten vor Auflösung des Klosters waren, hier anführe. Es waren

1) Joh. v. Gott Stiftseher, aus Ratibor in Oberschlesien gebürtig, 44 Jahre alt, war seit 1796 im hiesigen Spital und bekleidete die Stelle des Priors, Apothekers und Organisten.

2) Pater Verissimus Schwager, von Schärding im Innviertel gebürtig, 55 Jahre alt, war Curat und Krankenpriester.

3) Modestus Richter von Wemding bei Donauwörth, 39 Jahre alt, war Subprior des Klosters und Ober-Chirurg des Spitals.

4) Roman Kaimerl von Berlshofen bei Dietfurt, 64 Jahre alt, (der Senior des Klosters) war meist Sammler auf dem Lande,

5) Vindomius Raab, von Lofering bei Deggendorf, 59 Jahre alt, ward meist zum Sammeln gebraucht.

6) Romulus Inzinger, von Dünhausen bei Pfaffenhofen, 55 J. a., Krankenwärter.

7) Georgius Hegner aus Ingolstadt, 53 Jahre alt, Unter-Chirurg und Krankenwärter.

8) Hippolyt Schmid, aus Rastatt, 43 J. a., Sacristan.

9) Corbinian Löffler, aus Neuburg a. W., 46 J. a., Koch.

10) Aurelius Asam, aus Pipinsried, 35 J. a., Chirurg.

11) Smaragdus Sailer, von Neuburg a. D. 46 J. a., Krankenwärter.

12) Bruno Bally, aus Schechingen 46 J. a., Krankenwärter.

13) Servilian Wildenauer, aus Neuburg a. D., 31 J. a, Chirurg und Sammler.

14) Norbertus Seeberger, aus Pleistein i. d. Oberpfalz, 35 J. a., Kellermeister.

15) Alexander Ott, aus Deising bei Ingolstadt, 31 J. a., Subject in der Apotheke und Krankenwärter.

16) Terentianus Blapp, aus Glernitz in der Oberpfalz, 36 J. a. Sammler.

17) Gabriel Trettenbach, aus Rottenburg, 35 J. a. Krankenwärter.

18) Seba Ramberger, aus Burghausen, 29 J. a., Krankenwärter. Ferner zwei Tertiaril, nämlich

19) Mathias Rädlmayr, aus Dittersdorf, 24 J. a.

20) Jakob Hechtig, aus Schwarzenberg im Bregenzer Wald, 23 Jahre alt.

Das Dienstpersonal bestand aus 7 Individuen, nämlich einem Spitalslaboranten, einem Schneider, Gärtner, zwei Hausknechten, einem Gartengehilfen und einer Tagwerkerin.

Am 1. Juli des Jahres 1808 war für das Convent der barmherzigen Brüder, incl. der dazu gehörigen Dienstboten, eine Interims-Kostordnung auf allerhöchsten Befehl vom Oekonomieverwalter Schrämmel eingesandt worden.

Der Gesammtaufwand per Woche berechnete sich nach derselben auf 57 fl. 57 kr., und es mag aus dem Vorhererwähnten erhellen, daß die Brüder, wenn auch im Spital dem schweren, mühevollen Krankendienst vorstehend, doch in ihrem Convent ein ganz angenehmes Leben hätten führen können, wenn es ihnen nicht durch den Prior Stiftsetzer, der sowohl in der Qualificationstabelle des k. Administrators, als auch nach andern Nachrichten als ein äußerst herrschsüchtiger, dem Trunke ergebener, für Klatschereien zugänglicher und parteiischer Mensch geschildert wird, zum Theil verbittert worden wäre. In noch schönerem Lichte erscheint derselbe in einer von den beiden Novizen Hechtig und Rädlmayr an den Oekonomie-Verwalter Schrämel des Hospitals unterm 19. Nov. 1808 eingereichten Beschwerde.

Uebrigens war die schönste Zeit des Spitals zu St. Mar mit dem Beginn des gegenwärtigen Jahrhunderts, welcher dasselbe unter die allgemeine Stiftungsadministration gestellt, vorüber; das Vermögen war der besondern Administration der Wohlthätigkeits-Stiftungen untergeordnet und ein Oekonomie-Verwalter aufgestellt worden. Die Habite der Brüder befanden sich damals in einem derart herabgekommenen Zustand, daß, wie es in einem wiederholten Bericht um Nachschaffung solcher heißt — „die Brüder nicht wohl öffentlich mehr sich zeigen konnten, weßhalb der ganze Convent neu gekleidet wurde".

Da am 16. März 1809 traf das Spital zu St. Mar das Schicksal aller übrigen Cultus- und Wohlthätigkeits-Stiftungen — es wurde mittels allerhöchsten Rescripts vom genannten Datum zugleich mit dem Spital der Barmherzigen Schwestern zu St. Elisabeth aufgelöst, und aus beiden Kranken-Instituten und aus den übrigen bestehenden Krankenanstalten in München in Folge der organischen Bestimmungen vom 7. März 1808 ein „allgemeines Krankenhaus" für das männliche und weibliche Geschlecht der Residenzstadt gebildet, die Religiosen wurden vom 1. April 1809 angefangen der Verpflichtung des gemeinschaftlichen Zusammenlebens gänzlich entbunden, und dieselben theils mit einer Alimentation von jährl. 300 fl. (welche Profeß auf Lebensdauer bereits abgelegt), theils mit einer Aversalabfertigung von 200 fl. abgefunden, und denselben zur Obliegenheit gemacht, sich im Krankendienste wieder verwenden zu lassen. So wurden am Krankenhaus die ehemal. Brüder Stiftsetzer als Apotheker, Richter und Asam als Chirurgen, die übrigen meist als (weltliche) Krankenwärter aufgenommen."

Die Gebäude und das ganze Vermögen der bisherigen Institute der barmherzigen Brüder und Schwestern, an Kapitalien, Realitäten, Rechten, Mobilien, Naturalien, Vorräthen, Activausständen und Baarschaften blieben dem ursprünglichen Zwecke der Fundirung, d. i. der Krankenpflege in der Stadt München gewidmet.

Noch im selben Jahre 1809 wurde sodann mit dem Bau des allgemeinen Krankenhauses an Stelle des Spitals zu St. Mar begonnen und deßhalb letzteres theils abgebrochen, theils in seinen Hauptmauern zu jenem Neubau benützt.

Wie die frühere Zeit aber mit der Sorge für das leibliche Wohl jene für das Heil der Seele nicht bloß untrennlich verband, sondern fast durchgängig letzterer den Vorzug einräumte, so war man auch schon bei Anlegung des Spitals auf Erbauung einer dazu gehörigen Kirche für die Brüder und die Kranken bedacht und schon im Oktober 1750 ließen Churfürst Mar Joseph der III. und Maria Amalia, des Kaisers Karl Albert VII. Wittwe, den Bau einer solchen beginnen, welche am 11. Mai 1772 vom Bischof Ludwig Joseph von Freising zu Ehren des heil. Marimilian eingeweiht wurde. Am 12. Oktober 1751 hatte Bischof Joh. Theodor von Freising bewilligt, daß an den Prin-cipalfeiertagen das Sanctissimum in der Kirche zu St. Mar ausgesetzt werden dürfe, sowie, daß der Ordenspriester auch außer dem Spital gählling sich befindenden Sterbenden Beicht hören und nomine Parochi provibiren dürfe.

Ueber das Innere der Kirche erzählen uns alle bisher über München erschienenen Werke nichts, und doch war dieselbe nicht so un-bedeutend, wie aus der i. J. 1808 vorgenommenen Versteigerung ihrer Einrichtung und ihrer Paramente hervorgeht, ja es befanden sich darin Gegenstände von großem Kunstwerth. Darum will ich versuchen aus dem in der Registratur der städtischen Stiftungen befindlichen Act "die Ueberlassung des Altarblattes des heil. Marimilian von den Barmh. Brüdern an die Marimilians-Gemeinde in Augsburg", welcher Act auch die Versteigerungsverhandlungen enthält, und über das letzte Schicksal dieser Kirche die wichtigsten Aufschlüsse gibt, eine Beschreibung des Innern der genannten Kirche zu liefern.

Die Kirche nahm jene Stelle ein, wo früher die Kapelle zu den drei Kreuzen stand und jetzt die Krankensäle I—V der männlichen Abthei-lung des allgemeinen Krankenhauses, also an der Südseite desselben sich befinden. Es geht dieß aus Product 6 des oben citirten Actes, einem unterm 5. Sept. 1808 unter Präsenz des k. Raths und Stift-ungen-Administrators v. Ilg, sowie des Verwalters Schrämmel als Actuar aufgenommenen Protocoll hervor, dessen Eingang also lautet:

"Die nachstehende k. bef. Stiftungen-Administration erhält in einem Befehl des k. Geh. Central-Rechnungs-Commissariats des Innern dd. 26 pr. 30. Sept. huj. a. (es muß wohl heißen August, nachdem das Protocoll am 5. Sept. aufgenommen wird) den

2

(Della Croce) zu Burghausen gemalt, und dürfe unter die besten Werke dieses Mannes gerechnet werden. Demnach schätze er dieses Bild, da es noch sehr wohl conservirt sei, auf den Werth von wenigstens 150 fl. und dieß um so mehr, da es bei der Anschaffung auf 100 Dukaten zu stehen kam." Die k. Oekonomie-Verwaltung des allgemeinen Krankenhauses zeigte nun unterm 30. Jäner der k. b. besondern Stiftungsadministration an, daß sie fragliches Bild um 200 fl. zum Verlauf um so mehr anschlage, als solches von dem berühmten Künstler aus bloßer Freundschaft für diese Wohlthätigkeitsanstalt nach Aeußerung der dießseitigen, bereits verstorbenen Institutsvorstände um 100 Dukaten gemalt wurde. Unterm 7. Mai 1812 erging aber ein allerhöchstes Rescript, wonach der Pfarrgemeinde Marimilian in Augsburg das Bild unentgeltlich zu überlassen sei, und zwar heißt es ausdrücklich:

„Es wolle König Mar Joseph der genannten Pfarrgemeinde das Bild als einen neuerlichen Beweis der Allerhöchsten Huld zum Geschenk machen, wo es in der Kirche einer guten Gemeinde aufgestellt, stets ein würdiges und erinnerndes Denkmal der Liebe des Königs zu seinen guten Bürgern sein wird."

Am 6. Juni 1812 kamen sodann Benedikt Roßthür mit drei andern Bürgern Augsburgs als Abgeordnete der Pfarrgemeinde zu St. Mar nach München, um das Altarbild abzuholen und an seinen neuen Bestimmungsort zu verbringen.

Auch die alte Augustiner Chororgel konnte nicht angebracht werden, und äußerte sich über dieselbe der am 14. April 1809 protokollarisch als Sachverständiger vernommene Hoforgelmacher Konrad Merz, er könne pflichtmäßig die Orgel nicht höher als auf 25 fl. tariren, weil bei dieser uralten und an sich schon unvollständigen Orgel kein Orgelkasten sich befände, und durch den Hin- und Hertransport derselben schon bei den ehemaligen Augustinern viel, besonders von den zinnernen Pfeifen zu Verlust gegangen ist.

In der Kirche war u. a. auch ein Bildniß „das Schweißtuch Christi" vorstellend, welches der churfürstliche Geheime Rath und Hofkammerdirektor v. Hofstetten aus besonderer Andacht dorthin vermacht hatte. Dasselbe wurde von dem Hofgerichtsrathe v. Hofstetten, Namens seines Vaters, des k. b. Hofoberrichters v. Hofstetten reklamirt und demselben von der Verwaltung auch ausgehändigt.

Von den Paramenten, welche bei der Versteigerung nicht angebracht werden konnten, wurden auf Ansuchen des Verwalters Jßa vom St. Josephs-Hofspital zu München im November 1808 an genannte Hofspital-

Kirche 10 Maienbüsche, 3 Alben, 3 Chorröcke, 3 Cingula, 6 Leuchter, 3 Kanonentafeln, und 3 Meßkleider, an die Verwaltung des Kinder-hauses aber zum Behuf der dortigen Kapelle 2 Alben, 2 Altartücher, 3 Corporalien, 2 Cingeln, 1 Klinsel, 2 Randeln, 4 Leuchter, 10 Maien-büsche, 2 Chorröcke (im Gesammtwerthanschlage von 21 fl. 52 kr.), an die Pfarrkirche zu Ismaning aber 2 Meßkleider, 2 Alben, 4 Altar-tücher, 4 Corporalien gegen Erlag von 40 fl. 26 kr. abgegeben.

Unter der Kirche befand sich eine Gruft, in welcher die Brüder beigesetzt wurden, die ihr dem Wohl der leidenden Menschheit gewidmetes Leben in diesem Kloster beschlossen[1]).

Aber auch der obenerwähnte Wohltäter dieses Ordens, Graf v. Perusa, fand seinem Wunsche gemäß in dieser Gruft seine letzte Ruhe-stätte, ja sogar die sterblichen Ueberreste zweier französischer Bischöfe wurden hier beigesetzt. Denn wie das Sterbebuch von U. L. Frau sagt, wurde der Bischof François de Bonal von Clermont-Ferrand in Frankreich, ein Graf von Briande, welcher am 3. Sept. 1800 als Emigrirter dahier gestorben und in die Gruft der damaligen Kapuziner-kirche (auf dem heutigen Maximiliansplatz) beerdigt worden war, am 24. Mai 1802 in die Gruft der damaligen Kirche der Barmherzigen Brüder „a quatuor gallicis presbyteris" transferirt und „in caverna numero septimo collocatum est"[2]).

Nach Inhalt einer Anzeige der Oekonomie-Verwaltung von St. Max sine dato, wahrscheinlich aber vom Oktober 1808, war der Po-lizeirottmeister Swoboda mit dem Todtengräber dortselbst beim Ver-walter Schrämmel erschienen, und forderte 6 Kreuze, welche auf die Grabhügel der aus dieser Gruft in den Gottesacker transportirten Körper zu stehen kommen sollten. Es geht daraus mit Bestimmtheit hervor, daß die in der Gruft von St. Max beigesetzten Körper bei der 1808 erfolgten Auflösung des Klosters und dem Abbruch der Kirche erhoben und nach dem Gottesacker vor dem Sendlingerthore transferirt

1) In der Gruft hatten die Barmherzigen Brüder sogenannte Bachöfen, 119 an Zahl er-baut, und wollten dieselbe durch den Dechant bei St. Peter, v. Frauz. benedeiren lassen, was aber dieser verweigerte, worauf Bischof Ludwig Joseph, an welchen die Sache devoluirt wurde, unterm 19. Juni 1769 befahl, daß die Bachöfen bis auf 20 für die Religiosen eingebrochen werden müssen und keine fremde Person, die im Spital verstirbt, in gedachter Gruft begraben werden darf, daß dagegen der Dechant die also verkleinerte Gruft nun zu benedeiren habe.

2) Der zweite Bischof, welcher gleichfalls auf Bitten der drei französischen Bischöfe von Agen, Chalons und Gap vermöge höchster Entschließung v. 19. Mai 1802 aus der Gruft der Kapuziner in jene der Barmherzigen Brüder transferirt werden durfte, war Bischof Liseur, wie solches aus einem noch erhaltenen Rescript der Specialcommission in Kloster-sachen dd. 21. Mai 1802 hervorgeht.

worden sind. Leider geben die noch vorhandenen Register über den Leichenacker aus jener Zeit keinen Aufschluß darüber, wo die oben bezeichneten 6 Gräber zu finden wären. Die Kreuze wurden nicht ausgefolgt, da der Rottmeister kein schriftliches Zeugniß von der Polizeidirection hatte, sondern nur mündlich ausrichtete, daß ihm dieß Geschäft vom Polizeidirector mündlich übertragen worden wäre. Dieselben scheinen später, um die Allerheiligen=Octave, verkauft worden zu sein.

Um die Kirche herum war ein Gottesacker, auf welchem diejenigen beerdigt wurden, welche im Spital verstorben sind und es führten die Brüder hierüber genaue Todtenregister. Seit dem Jahre 1802 wurden aber auf jenem Gottesacker keine Todten mehr eingegraben, sondern dieselben nach dem allgemeinen Leichenacker gebracht, weßhalb die Oekonomieverwaltung im Jahre 1808 den Antrag stellte, die Gräber dortselbst einebnen, überackern und in einen Krautacker umwandeln zu dürfen. Als vor 16 Jahren die Waschküche zum allgemeinen Krankenhause erbaut und die Grundarbeiten hiezu begonnen werden sollten, wurden mehrere Tragen voll Todtengebeine ausgegraben, und diese gesammelt und von der Seelnonne Kaiser vom Krankenhaus nach dem Leichenacker gebracht und dort in ein gerade offenes Grab an der Kirchhofsmauer nächst der Stephanskirche gelegt, damit sie in geweihter Erde ruhen.

Möge es dem Verfasser dieser Zeilen gelungen sein, durch sie das Andenken eines Instituts, das über ein halbes Säculum zum Wohle der leidenden Menschheit in der Stadt München wirkte, für eine dankbare Mit= und Nachwelt erhalten zu haben.

Das ehemalige Spital und die Kirche der Elisabethinerinnen zu den hl. fünf Wunden vor dem Sendlingerthore.

Das zunehmende Wachsthum der churfürstlich bayerischen Haupt- und Residenzstadt München bedingte schon in der Mitte des vorigen Jahrhunderts eine Vermehrung der damals bestehenden Wohlthätigkeits-anstalten, und wie das Spital der barmherzigen Brüder O. S. Joann. de Deo ad St. Maximilianum vor dem Sendlingerthore zu dem bereits vorhandenen Bruderhaus am Kreuz, dem Stadtkrankenhaus am Anger, dem Siechhaus am Gasteig und dem Hofkrankenhaus zu Giesing als Krankenanstalt zur Unterbringung männlicher Kranken hinzukam, so erstand nur einige Jahre später ausschließlich für Kranke weiblichen Geschlechts ein sechstes Hospital, das der Elisabethinerinnen der dritten Regel des hl. Franziscus zu den hl. fünf Wunden in der Nähe des vorgenannten vor dem Sendlingerthore zu München, welches bis zum Anfang des gegenwärtigen Jahrhunderts bestand, bis es mit seinen übrigen Schwesteranstalten i. J. 1809 das Schicksal der Auflösung theilte, woraus dann das jetzige allgemeine Krankenhaus hervorge gangen ist.

Da auch über dieses Spital, welches über ein halbes Jahrhundert zum Wohle der leidenden Menschheit eine segensreiche Wirksamkeit in hiesiger Stadt entfaltete, sämmtliche Werke über München nur wenig enthalten und nur Dr. Anselm Martin in seiner verdienstvollen „Geschichtlichen Darstellung der Kranken- und Versorgungsanstalten zu München" (München 1834 bei G. Franz) desselben etwas ausführlicher erwähnt, so will ich versuchen, aus den noch erhaltenen Urkunden

und Archivalien eine kurze Geschichte des Convents, Spitals, der Kirche und des Freithofes der Elisabethinerinnen zu geben, um damit
nicht bloß deren Andenken aufzufrischen und für die Nachwelt zu be-
wahren, sondern auch die Geschichte der Stadt München um einen neuen
Beitrag zu bereichern.

Noch ehe ich aber beginne, sehe ich mich veranlaßt, darauf aufmerksam
zu machen, daß es ein großer Irrthum ist, anzunehmen, wie es mehrmals
geschieht, als wären die barmherzigen Schwestern, welche gegenwärtig
an den sämmtlichen städtischen Wohlthätigkeitsanstalten und so auch
insbesondere im jetzigen Hl. Geistspital, also in demselben Gebäude,
welches früher das Spital zu den hl. fünf Wunden war, wirken, iden-
tisch mit den barmherzigen Schwestern, deren Geschichte ich hier vor-
tragen will. Es sind das zwei ganz verschiedene Orden, welche zwar
ein und denselben Zweck, nemlich die Krankenpflege verfolgen, in ihrer
Ordensregel und in ihrem Habit aber sich wesentlich unterscheiden.

Während die anno 1832 recipirten und gegenwärtig wirkenden
Barmherzigen Schwestern nach der Regel des hl. Vincenz von Paula
leben, und keine Clausur zu beobachten brauchen, waren jene zur
Beobachtung der Regel des hl. Franziscus und zu strenger Clausur
verbunden. Und auch ihr Habit war ein anderer, wie deutlich aus
dem noch jetzt am Plafond der hl. Geistspital- oder St. Elisabethkirche
abgebildeten Wirken des Ordens hervorgeht. Es findet sich auch in
den sämmtlichen mir zu Gesicht gekommenen amtlichen Archivalien
nie der Ausdruck sorores misericordiae, und scheint sich die Bezeich-
nung Barmherzige Schwestern im Munde des Volkes zur gegensätz-
lichen Benennung der Barmherzigen Brüder, fratres misericordiae
welch letzterer Ausdruck allerdings ein historisch berechtigter, urkund-
licher ist, gebildet zu haben. Das Volk nannte sie, wie auch sie
sich selber „Elisabethinerinnen" und war diese Benennung eine so
allgemeine, daß sie sogar bei Uebergabe des Hl. Geistspitals an die
neuen barmherzigen Schwestern O. S. Vinc. de Paul. auf diese über-
gegangen ist, so daß man noch jetzt im Gegensatz zum allgemeinen
Krankenhaus vom Hl. Geistspital als „bei den Elisabethinerinnen" spricht.

Ich werde darum, um keinen Anlaß zu einer Verwechslung mit
den jetzigen barmherzigen Schwestern zu geben, die Nonnen des ehemaligen Klosters zu St. Elisabeth im Verlaufe meines Vortrags mit
dem historisch allein berechtigten Namen „Elisabethinerinnen" anführen.

Die wichtigsten Aufschlüsse über das Convent der Elisabethinerinnen
gibt eine noch erhaltene und im hiesigen Stadtarchiv befindliche Chronik

dieser Anstalt, welche von den Schwestern selbst angelegt und mit großer Genauigkeit fortgeführt wurde. Dieselbe beginnt mit einer schlichten Erzählung der Entstehung des Convents, des Baues der Gebäulichkeit und der Einweihung derselben, an welche sich das Verzeichniß der sämmtlichen vom Anfang bis zur Auflösung des Klosters eingekleibeten Schwestern unter genauer Angabe ihrer Personalien anschließt. Sodann folgt in chronologischer Reihenfolge die Aufzeichnung der weitern wichtigsten Ereignisse, so z. B. der Bewilligung der Sammlungen ꝛc. (wobei jedesmal der Geber mit einer herzlichen schlichten Dankesformel ehrend gedacht ist), der Wahl der Oberinnen, der Aufnahme der Riedlernonnen, der Bedrängnisse zur Kriegszeit ꝛc.

. Das reichhaltige Material dieser Klosterchronik habe ich in ausgedehntester Weise benützt, und werde deßhalb wiederholt auf dieselbe zurückkommen müssen.

Die Gründung des Spitals fällt unter die Regierung des Churfürsten Mar Joseph III. i J. 1754, doch hatte der Orden der Elisabethinerinnen mit mannigfachen Hindernissen zu kämpfen, bis er seine Aufnahme in Bayern und vorzüglich in hiesiger Stadt durchzusetzen vermochte, was ihm überhaupt nie gelungen sein würde, wenn derselbe nicht an des Kaisers Karl Albert VII. Wittwe, Maria Amalia, Churfürstin von Bayern, eine Gönnerin und Fürsprecherin gefunden, die es bei ihrem Sohne erwirkte, daß der Orden die Reception in Bayern und die Bewilligung zur Errichtung eines Convents und Spitals zu Azlburg bei Straubing erhielt.

Ueber die Entstehung ihres Convents lasse ich die Elisabethinerinnen selber sprechen, welche ihre so eben citirte Chronik mit folgenden Worten beginnen:

O. A. M. D. G. B. V. M. S. I. et E.

„Demnach es sich zugetragen, daß bey benen 1740 anfangenden „undt biß 1745 forttaueruden betrübten Kriegs läuften, Viele sowohl „adeliche, alß gemeine geistliche, undt weltliche von Prag Ihre Häuser „undt güter haben verlassen, undt unter die höchste Protektion des „durchlauchtigsten Churfürsten auß Bayren fliehen, undt zu München „sich aufhalten müssen, weihlen dann unter disen Viele Freundt undt „Patrones des H. Elisabethiner-ordens waren, so haben selbe Vielmahl „daß löbl. instilut dieses H. ordens angerühmet, undt gesuchet, gutte „Freundt zu finden, durch welche dieser H. orden hätte können zu „München eingeführet undt ein Closter davon erbauet werden, worunter „die vornehmbste der Hochgebohrne Herr Herr Carl Freyherr von

„Berglaß, sambt seiner Frauen gemahlin, einer gebohrenen Freyin von
„Schirnding, als welche eine Freylle Tochter in unsers Pragerischen
„Convent würkliche Profeßin gehabt; wie auch der Hochwürdige in
„Gott geistlich Herr Norbert Martin Saazer, Eccl. gewester Probst undt
„Administrator auf dem Laurentiberg zu Prag, der zeit aber Kaiser-
„undt Churfürstl. Hoffcaplan in Prechhauß zu München, welche zu
„diesem Ende die allerhöchste gnadt von Ihro Majestät der verwittibten
„Kayserin Maria Amalia Churfürstin in Bayern, gebohrenen Erz-
„herzogin von Oesterreich besonders gesuchet zu erlangen, welches auch
„so weit kommen, daß sich diese allergnädigste Frau darumb angenohmen
„undt deßhalben an dem hochwürdigsten Fürsten und Erzbischoffen zu
„Prag ein schreiben ergehn lassen undt verlanget, daß zwey Elisabeth-
„inerinnen des Prager Convents möchten nacher München erlaubet
„werden, umb alda selbst zu solicitirn, undt daß werk zu betreiben,
„zu welchem Ende dann erlaubet worden, daß die Hochwürdige in
„Gott Geistl. Frau Maria Franzisca Philipina von der Heimsuchung
„Mariä 3 Mahl Erwählte und dermalen Emeritirte Oberin, undt
„vicarin deß Prager Convents mit einer Gespannin der Wohlerwürdigen
„Frauen Maria Johanna Nepomucena von Hl. Nahmen Jesu, nacher
„München haben reysen, undt sich daselbst drei Monath lang aufhalten
„dürfen, wo sie dann unbeschreibliche Beschwerdt gefunden
„(und haben keine Herberg gefunden, wo sie hätten Poßeß nehmen
„können, undt dürffen, weihlen diese Stadt Borhin schon mit
„Bielen Clöstern überhäuffet gewesen, als auch wegen der
„armuth nach erst überstandenem Krieg, doch Endlich den
„gnädigst Landesherrl. Consens erhalten, daß sie sich in einen andern
„orth in Churbayren können niederlassen, weihlen aber der winter an-
„nahete, so reisbt selbe den 17. September in eben diesen Jahr wie-
„der von München nachher Prag verraiset, undt alda in ihrem Closter
„das frühjahr erwartet, wo dann wiederumb die Wohlerwürdige Frau
„Johanna Nepomucena a Nöe Jesu, mit der Wohlerwürdigen Frauen
„Maria Xaveria a Purificatione B. V. M. den 1. April 1748 mit
„erlaubniß von einem hochwürdigen ordinariat von Prag nacher München
„verreiset, um alborten die sach weiter zu betreiben, aber vor un-
„möglich gefunden den Conseus weder vor München, weder vor Lands-
„hut zu bewürken, sondern vor Straubing ꝛc."

Mit einer solchen nur halben Erfüllung ihres Wunsches gab sich
die Kaiserin aber nicht zufrieden, sie ermuthigte die Schwestern zu wiederholten Suppliken um Bewilligung zur Errichtung eines Klosters und
Spitals zu München selber, bis endlich unterm 27. Mai 1754 eine Resolution des geistlichen Raths erfolgte, wonach die Elisabethinerinnen in

München unter der Bedingung recipirt wurden, daß sie alle jene Nonnen des Paulanerinnenklosters ob der Au, welche sich wenigstens zur Ablegung dreier Gelübde bequemen, in ihren Orden aufnehmen und auch einige Laien-Schwestern unterrichten, damit von diesen allenfalls auch kranke Personen von Distinction außer der Clausur bedient werden können.

Weiters heißt es in dem erwähnten geistlichen Raths-Rescript, daß Churfürst Max III. den Elisabethinerinnen gestatte, von der Ge-meinde ob der Au den zu ihrem Kloster, Kirche, Freithof und Spital nöthigen Grund an sich zu bringen.

Zugleich wurde den Paulanerinnen aufgetragen, wegen dieses Bei-tritts sich innerhalb 8 Tagen mit Anhandnehmung eines Beistands zu erklären, widrigenfalls solche aus Mangel der benöthigten Subsistenz zu Präjudiz ihrer Gläubiger in communione ferner nicht mehr geduldet würden.

Bei ihrer Aufnahme in Bayern hatten es sich die Elisabethin-erinnen gefallen lassen müssen, daß ihre Zahl auf 12 festgesetzt wurde.

Am 14. Juni 1754 nun ertheilte Max Joseph und zwar, wie es ausdrücklich in dem betreffenden Churfürstlichen Decret heißt, „auf Vorbitten seiner gnädigsten, geliebtesten Frau Mutter, Kaiserl. Majestät", der Oberin der Elisabethinerinnen im Kloster Azlburg bei Straubing die Licenz, statt der anfänglich auf 12 be-schränkten eine beliebige Zahl von Ordenspersonen einzuführen, unter der nemlichen Bedingung der Aufnahme der Paulanerinnen wie solche oben im geistlichen Raths-Rescript erwähnt ist.

Zu einem Kauf von Gründen in der Au aber kam es nicht, da es der Begräbniß halber Hindernisse gab und weil die P. P. Paulaner die Auer gegen die Elisabethinerinnen gehetzt, wie es in der Kloster-Chronik heißt, daß sie keinen tauglichen Bauplatz erhalten konnten; deßhalb erlaubte Max III. unterm 30. August 1754, daß sie sich anderswo, als in der Au Gründe für Kloster und Kirche erwerben, jedoch unter der Bedingung, daß sie die sechs Paulanerinnen, welche inzwischen bereits mit allen votis beitreten zu wollen sich bereit erklärt haben, übernehmen. Die übrigen Paulanerinnen wurden als Betschwestern oder sogenannte Tertianerinnen geduldet.

Da nun die Oberin des Elisabethinerinnen-Klosters zu Azlburg nächst Straubing, Schwester Maria Franzisca, zur Errichtung des hiesigen Spitals und Klosters den Graf La Rosée-Garten vor dem Sendlingerthor ausgesucht hatte, so hatte auch bereits unterm 13. Juli 1754 der Canonicus bei U. L. Frau, Herr Anton Oefele vom Bischof

Johann Theodor zu Freising den Befehl erhalten, 4 Citationes an den Thüren der Frauen-, Peters-, hl. Geist- und Paulaner-Kirche in der Au anzuschlagen, welchen Auftrags sich Oefele unter Beiziehung des Sebastian Pötzinger, Chorvicars bei U. L. Frau, und Johann Joseph Haltmayr's, Beneficiaten bei St. Peter am 8. August 1754 entledigte.

Sofort knüpfte der Orden Kaufsunterhandlungen an und schloß in den Jahren 1754 — 1756 folgende Käufe zur Erwerbung des nöthigen Areals vor dem Sendlingerthore ab, worüber die Urkunden noch erhalten sind.

a) Am 5. November 1754 verkaufte Franz Gottlieb Frhr. v. Hofmühlen chftl. Oberst - Kriegs - Commissarius dem Kloster Ord. St. Elisabethae sein von dem hl. Geistspitale an sich gebrachtes Grundstück, ¹⁄₁₆ Juch. 131 Ruthen, so vorhin ein Hopfengarten gewesen und zur Hälfte zum Glacis genommen worden, vor dem Sendlingerthor um 450 fl.

b) Am 6. November 1754 verkaufte Franz Joseph v. Larosée's Gemahlin Maria Johanna Nepomucena, geb. Baronesse von Hofmühlen, ihren vormals Hörwart'schen, dann Wetzstein-, und abermals Hörwart'schen Hopfengarten und dazu gehörige Grundstücke, welche 11 Tagwerk ausmachen, mit Haus, Stadl und 3 Stetten Wasser vor dem Sendlingerthor an das Kloster der barmherzigen Schwestern Ord. St. Elisabethae um 8000 fl.

c) Am 16. Juli 1756 verkauften Johann Franz Anton Offinger auf Haybach und Balthasar Joseph Wilhelmseder als Verwalter des hl. Geistspitals dem Frauenkloster der Elisabethinnen den ¹⁄₂ Juchert 263 Ruthen und 7 Schuh haltenden Anger nebst einem kleinen Wiesfleckl, alles vor dem Neuhauserthore und Sendlingerthore gelegen um 500 fl.

d) Am 20. Oktober 1756 verkaufte Sebastian Freytag, Bürger und Bierbräu an das Kloster Ord. St Elisabethae seinen 3¹⁄₄ Tgwl. haltenden Anger vor dem Sendlingerthor um 1800 fl.

e) Am 15. November 1788 verkaufte Johann Georg Weber, Bürger und Hofmetzger dem Kloster Ord. St. Elisabethae seinen von der chftl. in Freythofs - Sachen ernannten Special - Commission erkauften, vorhin dem St. Josephs-Spitale zugehörig gewesten Anger zwischen dem Sendlinger- und Neuhauserthor 1¹⁄₄ Tgw. und 8000 □' haltend um 630 fl.

f) Am 30. December 1789 verkaufte der Hofwaisenhaus-Inspector und Waisenpflegvater dem Elisabethiner - Frauen - Kloster einen Fleck

Wißgrund oder sogenanntes Spitzangerl (in ¼ Tgw. bestehend) zwischen dem Elisabethiner-Anger und dem Hofwaisenhausgarten gelegen um 100 fl.

Sofort wurde denn · noch im Jahre 1754 mit den Vorarbeiten zum Bau des Klosters, Spitals und der Kirche begonnen.

Am 4. Dec. 1754 kam die als Vicarin bestellte Frau Johanna Nepomucena mit der Schwester Maria Elisabetha behufs Besitznahme des erkauften La Rosee'schen Anwesens abermals von Straubing nach München und nahm (dießmal zum fünften Male) in der Grafen von Perusa alten Behausung bei den Sa'zstädeln ihre Wohnung. Weihnachten feierten beide mit den Englischen Fräulein, die ihnen alle Aufmerksamkeit erwiesen, was in der Chronik mit herzlichem Danke eingetragen steht.

Am 20. Jäner 1755, als am Sterbtage Kaiser Carl VII., wurden endlich die beiden Schwestern durch Frau von Reindl, geb. von Heuß in ihre künftige klösterliche Wohnung eingeführt.

In eben diesem Jahre den 7. September wurden 5 Paulanerinnen vom Dechant von St. Peter, Hrn. Anton v. Unertl eingekleidet — es waren dieß

1) Maria Carolina (Christina Glückseeligin von München) geb. 1700, † 1778.

2) Maria Amalia (Ester Antonia Simonetin von Eichstätt) geb. 1721, † 1798.

3) Maria Maximiliana (Marianna Eggerin von Pfaffenhofen) geb. 1700 † 1780.

4) Maria Crescentia (Maria Theresia Mühlthalerin von München) geb. 1725, † 1798.

5) Maria Martha (Barbara Wimmerin von Vilsbiburg) geb. 1725, † 1789.

Am 8. September 1756 legten dieselben die Profeß ab und zwar in Gegenwart der Kaiserin Maria Amalia, welche an diesem Tage bereits zum 7 Male das Kloster besuchte.

Am 12. September 1765 wurde P. Hartmann, Kapuziner-Ordens, von Bischof Johann Theodor von Freising als Beichtvater der Elisabethinerinnen bestätigt, und am gleichen Tage dem P. Primus Knapp vom Kloster der Barmherzigen Brüder die Gewalt ertheilt, den oben erwähnten Beichtvater in Nothfällen zur Nachtszeit seinen geistlichen Beistand zu leisten.

Nachdem nun die Oberin Maria Franzisca aus dem Kloster Ätzl-

burg Alles für die Organisation des Ordens in München Nöthige
gethan, so sollte derselbe auch eine eigene Oberin dabier erhalten und
wurde als solche erste Oberin in München die bisherige Vicarin Johanna Repomucena am 16. Mai 1756 durch den Dr. theol. Joseph
Anton Oefele als bischöflichen Commiſſär zufolge Auftrags des Bischofs Johann_Theodor dd. 26. April 1756 aufgestellt.

Ihr folgte als Oberin die ehemalige Paulanerin Frau Maria
Amalia, welche 1768, dann 1772, 1775 und 1778 auf je drei Jahre
als solche wieder gewählt wurde. Nach ihr finden wir als Oberin
vom 1. Sept. 1781 angefangen, welche gleichfalls alle drei Jahre bis
1807 wieder erwählt wurde, die Schwester Maria Xaveria (Maria
Agatha Staubacherin geb. zu München den 5. Febr. 1735). Die
letzte Oberin war Maria Thella (Eva Susanna Poppenberger, geb.
zu Würzburg den 9. September 1737). — Die obenerwähnte Kloster-
Chronik enthält das vollständige Verzeichniß der sämmtlichen Profeſſinnen
des Klosters von deſſen Gründung bis zur Auflösung. Es waren im
Ganzen, incl. der 5 Schwestern aus dem Prager Convent und der
5 Paulanerinnen, 74 Conventualinnen, unter welchen sich u. A. befanden eine Freiin Maria Anna v. Praulh, geb. 1735 zu Salzburg,
† 1784, Maria Anna Ulncaßin von Linkaßhofen, geb. 1739 zu Salzburg, dann Maria Josepha, eine natürliche Tochter des Grafen von
Haimhausen, Friederica v. Schmitz, churfürstl. Geheimrathstochter, geb.
1774 in Mannheim.

Sämmtliche 74 Schwestern brachten nach Ausweis der Chronik
eine nicht unerhebliche Ausfertigung bei ihrem Eintritt ins Kloster mit,
welche in Beträgen von 1800 fl., 1500 fl., aber auch weniger, dagegen in einem Falle in 2500 fl. bestanden.

Nicht nur an der Kaiserin Maria Amalia übrigens, welche als erste
Gutthäterin dem Kloster ein Landschaftskapital zu 40000 fl. spendete, hatte
der Orden und das Spital eine hohe Gönnerin, die denselben die reichsten
Gaben zuwendete, auch von Andern erhielt das Institut die bedeutendsten
Fundationszuflüſſe und Stiftungen, von denen die wesentlichsten sind
die Meßstiftungen, wovon unten die Rede sein soll, ferner mehrere
Krankenbettstiftungen, wie des Max Emanuel von Bertrand Grafen
von Perusa mit einem Kapital von 1500 fl., welche Stiftung deſſen
Sohn Carl Felix am 8. Februar 1766 vollzog; ferner jene des Her-
zogs Clemens Franz in Bayern von 2000 fl. dd. 1. Oktober 1768
endlich jene der verwittweten Hoffkammer-Räthin und Zahlmeisterin
Maria Anna Pröslin zu 1500 fl. vom 20. Juli 1773. Weitere Fun-

bationen erhielt das Spital von der dortselbst 1759 verstorbenen
Gräfin Maria Amalia v. Spreti, geb. Freiin v. Beccaria, zu Viert-
halb Tausend Gulden, von Grafen Spaur 1787 zu 8000 fl., vom
Hofbischof Frhr. v. Reisach 1804 zu 20000 fl., von dem Wechsel-
herrn Rodher, von der bürgl. Bäckin Maria Anna Giggenbacherin ꝛc.,
so daß das Spital ein Activ-Kapitalvermögen von 61717 fl. (i. J.
1808) besaß, während das Kirchen Vermögen 8000 fl ausmachte;
von ersterem lagen 43000 fl. bei der Landschaft auf; so besaß die
Stiftung u. A. circa 8000 fl. Ewiggeltkapitalien. Die jährliche
Brutto-Einnahme des Spitals belief sich nach einer approximativen
Schätzung vom Jahre 1808 auf 8157 fl. 46 kr. 2 d und zwar

4617 fl. an Activ-Capitalzinsen,
50 fl. Erlös aus dem Garten,
2200 fl aus dem Schweinkreuzer als Surrogat für die Landsammlung,
300 fl. aus dem Salzkreuzer,
960 fl. vom Armen-Institut als Surrogat der Stadtsammlung,
80 fl vom Weinaufschlag.

Dem Convent war nemlich i. J. 1769 erlaubt worden, in der
Stadt und auf dem Lande Sammlungen anzustellen; i. J. 1772
wurden ihm auch ein Quotentheil vom Salzzoll, nemlich die Er-
trägnisse des sogenannten Salzkreuzers zugestanden, bald aber wurde
die Concession zur Stadtsammlung demselben entzogen, und ihm dafür
ein firirter Zuschuß vom Armeninstitut, und für die entzogene Landsammlung der Schweinkreuzer, d. i. ein Kreuzer von jedem aus dem
Lande gehenden Schweine bewilligt (anno 1793).

Diese Bezüge und Mittel waren ausreichend, um nicht bloß den
vom Publicum an das Institut gestellten Anforderungen zu genügen,
so daß die gleichzeitige Verpflegung von 30—40 Kranken ermöglicht
werden konnte, sondern auch die Mitgliederzahl des Convents progres-
sive zu vermehren, so daß im Jahre 1808 der Convent aus 17 Frauen,
8 Schwestern, 2 Novizinnen, 4 Schleierjungfrauen (Mädchen in der
weltlichen Probe) und das Dienstpersonal aus 5 Individuen bestand.

Ich will hier den Personaletat über die Conventualen, wie solcher
zufolge allerhöchster Entschließung i. J. 1808 aufgenommen wurde,
folgen lassen:

A. Frauen.

1) Thekla — Susanna Poppenberger — geb. zu Würzburg — 70 Jahre
a. — 1756 in den Orden getreten — war Oberin und Vicarin.

2) Franziska — Anastasia Wüstin — geb. zu Freising — 72 J. a. — Ordenseintritt 1758 — Waschschwester.

3) Elisabeth — Maria Therese v. Schießl — geb. z. Amberg — 68 J. a. — Ordenseintritt 1760 — besorgte die Haushaltung·

4) Angelina — Marianna Freiin von Tunzlern — geb. z. Münchhof bei Neunburg v. W. — 67 J. a. — Ordenseintritt 1768 — war Sekretärin.

5) Rosa — Xaveria Böham — geb. z. München — 61 J. a. — Ordenseintritt 1768 — Portierin.

6) Stanisla — Anna Barbara Stiller — geb. z. Landshut — 66 J. a. — Ordenseintritt 1771 — Krankenwärterin.

7) Theodora — Xaveria Fürstl — geb. zu Regensburg — 54 J. a — Ordenseintritt 1782 — Küchenmeisterin.

8) Marianna — Maria Ecker — geb. zu Aibling — 53 J. a. — Ordenseintritt 1783 — Schneidermeisterin.

9) Theresia — AnnaMaria Mayr — geb. z. Rosenheim — 45 J. a. — Ordenseintritt 1783 — Krankenwärterin.

10) Josepha — Maria Anna Sauer — geb. zu Erding — 48 J. a. — Ordenseintritt 1786 — Krankenwärterin.

11) Seraphina — Maria Anna Koch — geb. zu Miehls bei Neunkirchen — 41 J. a. — Ordenseintritt 1789 — Krankenwärterin.

12) Ignazia — Barbara Lechner — geb. zu Rosenheim — 48 J. a. — Ordenseintritt 1789 — Krankenwärterin.

13) Magdalena — Katharina Schröll — geb. z. Tamersheim — 44 J. a. — Ordenseintritt 1791 — Prokuratorin.

14) Aloisia — Elise Schmid — geb. zu Hölzern — 36 J. a. — Ordenseintritt 1794 — Apothekerin.

15) Konrada — Josepha Mayr — geb. zu Freysing — 36 J. a. — Ordenseintritt 1796 — Portierin.

16) Clara — Rosina Staudacher — geb. zu München — 37 J. a. — Ordenseintritt 1800 — Waschgehilfin.

17) Sternanda — Katharina Kretzinger — geb. zu Gankhofen — 30 J. a. — Ordenseintritt 1801 — Kellermeisterin.

B. Schwestern.

18) Collecta — Genovefa Steckmann — geb. zu München — 62 J. a. — Ordenseintritt 1768 — Köchin und Näherin.

19) Laurentia — Magdalena Hirschvogl — geb. zu Landsberg — 69 J. a. — Ordenseintritt 1770 — Küchengehilfin.

20) Aleria — Katharina Zwerger — geb. zu Sindsdorf — 69 J. a. — Ordenseintritt 1773 — besorgte die Hausarbeit.

21) Maximiliana — Genovefa Immlinger — geb. zu Sechtmann — 49 J. a. — Ordenseintritt 1786 — Laborantin in der Apotheke.

22) Maria — Gertraud Keslenzer — geb. zu Allbach in Tyrol — 36 J. a. — Ordenseintritt 1793 — Köchin.

23) Florina — Walburga Sumper — geb. zu Hurlach — 39 J. a. — Ordenseintritt 1798 — Köchin.

24) Sebastiana — Therese Eigner — geb. zu Neumarkt — 37 J. a. — Ordenseintritt 1803 — Küchengehülfin.

25) Crescentia — Brigitta Schneider — geb. zu Eurasburg — 31 J. a. — Ordenseintritt 1806 — besorgte die Hausarbeit.

C. Novizinnen.

26) Carolina — Elisabeth Sutor — geboren zu München — 26 J. a. Apotheken-Gehilfin

27) Antonia — Walburga Maier — geboren zu Moosburg — 28 J. a. — Conventdienerin.

D. Schleierjungfrauen.

28) Apollonia Krezinger — Gankhofen — 25 J. a. — Krankendienst.

29) Thekla Kalb — Ingolstadt — 25 J. a. — Krankendienst.

30) Elis. Schettinger — München — 25 J. a. — Krankendienst.

31) Barb. Graf — Johanniskirchen — 34 J. a. — Krankendienst.

Das Dienstpersonal bestand aus 1 Gärtner, 1 Ausgeherin, 1 Viehmagd, 1 Hausmagd, 1, die salv. ven. die Nachtstühle austrägt.

Letztere bezog 6 fl., Kost, Licht, Holz und Bier. Sie ward außerordentlich günstig qualifizirt, „daß sie sehr verträglich und moralisch gut sei".

Außerdem befanden sich noch 10 Pfründepersonen (anno 1808) im Kloster, darunter ein Exreligios Xaver Reinweller vom Kloster Belharding, welcher durch den Landesdirektionsrath von Degen anno 1807 als Curatpriester aufgenommen wurde. Ferner Heinr. Zahn, Welt- und Krankenpriester. Auch eine geisteskranke Baronesse Ignatia v. Gumpenberg wohnte in dem Kloster.

Indem ich wieder auf die ersten Jahre des Klosters zurückgehe, kann ich nicht umhin, die Worte hier einzurücken, mit welchen die Elisabethinerinnen in ihrer Chronik den zeitlichen Hintritt der Kaiserin Maria Amalia verzeichneten.

„1756 den 11ten Dezember" — so schrieben sie — „ist der allertraurigste Tag vor unser armes anfangendes Kloster angebrochen, der

„unß umb seinen Mittag die sonnen unserer Freudt, undt den Anker
„unsrer Hoffnung unsere Allerdurchlauchtigste Mutter, Stift- und Gut-
„thäterin entzogen, Maria Amalia die allergnädigste Kayserin ist da
„gestorben, Gott lasse sie selig ruhen, vor welche die Kinder und Schwestern
„dieses Convents in ihrem Gebett unaufhörlich schuldig sein zu ge-
„denken, ihr am Sterbtag, wie auch am Nahmenstag, dem 10. July
„undt am geburtstag den 22. Oktober die hl. Beicht undt Communion
„vor allerhöchstselbe zur Dankbahrkeit zu verrichten."

Indessen kamen auch wieder freudige Tage, denn der Kaiserin
Sohn, Churfürst Max III., ließ sich die Sorge um seiner Mutter
Schöpfung wohl angelegen sein, und legte am Samstag den 23. April
1755 Mittags 12 Uhr den Grundstein zum Kloster-Bau, wie auch
seine Gemahlin die Churfürstin Maria Anna und die kaiserliche Prinzessin Maria Josepha aus Bayern einen Stein legten. Am 9. Nov.
1758 ward sodann durch Baron von Ingenheim churfstl. Kämmerer
und Vice-Oberstjägermeister im Namen des Churfürsten Clemens
August von Köln der Grundstein zur neuen Kirche unter dem Hochaltar gelegt.

Bei beiden Feierlichkeiten fiel dem Convent weder ein Almosen
noch ein Opfer zu und enthält die Kloster-Chronik bei der betreffenden
Stelle folgende bezeichnende Exclamation:

„Nachdeme dann diese Funktion vorbey, ist der sorgenvolle pau pur
„auf die göttliche Vorsichtigkeit vertrauend, ohne Menschliche Hülf mit
„lauter schulden angefangen, undt fortgesezet worden, waß vor kummer
„undt sorg dieses verursachet, ist nicht zu beschreiben, weder Viele andere
„beschwernußen, feindtseeligkeiten, verachtung undt grobheiten, dieses
„arme anfangende Kloster erlitten, mann hätte sie gern verkäufft und
„verbrennt, wann sie Gott nicht beschützet undt in dem größten nöthen
„errettet, und geholfen, dadurch auch sonderlich gezeiget, daß dieses
„sein werk; welches die anfängerinen getröstet und aufgemuntert, die
„sonst alles im stich hätten müssen lassen, undt ware ihnen genug daß
„der große Gott alles weiß, deme die nachkömmlinge unaufhörlich zu
„danken haben, sich aber die beschwerden niemal genug einbilden kunden."

Trotz so manchen Ungemachs stand schon i. J 1760 das Kloster
und Spitalgebäude sammt der Kirche, welche zusammen auf den frommen
Wunsch der seeligen Kaiserin Maria Amalia, den diese schon am
8. Mai 1755 geäußert, zu Ehren der heil. 5 Wunden Christi sollte
eingeweiht werden, fertig da, von allen Seiten frei, mit seiner Haupt-
façade gegen Süden zu gelegen und zwei Stockwerk hoch.

Dieses Kloster sollte aber nicht bloß die Elisabethinerinnen allein aufnehmen, denn als i. J. 1782 das Kloster an der Stiege von den Ridler Ronnen geräumt werden mußte, wurde diesen durch die churfürstliche Regierung der Aufenthalt im Elisabethinerinnenkloster angewiesen, und so fällt die Geschichte vom Ende dieses alten Klosters mit jener der Elisabethinerinnen zusammen. Am 3. Oktober 1782 kamen nun 2 Commissäre des geistl. Raths, v. Eisenreich und Manzini auf churfürstlichen Befehl in das Kloster zu den hl. 5 Wunden, besichtigten das dortige Gartenhaus, und ließen dasselbe für 20 Ridler- oder Stiegen-Klosterfrauen herrichten, um einen Gaben erhöhen und innen mit Zellen und einer Hauskapelle versehen.

Ferner wurde von diesem Anbau bis in's Kloster der Elisabethinerinnen ein gemauerter Gang hergestellt, damit die Ridler Klosterfrauen auch in's Oratorium jenes Klosters gelangen könnten, das ihnen von den Elisabethinerinnen freiwillig eingeräumt worden war.

Auch den Garten vor dem Hause gegen die Straße zu, den sie vorhin verstiftet hatten, räumten sie den Ridler-Ronnen „zu dero mehrerer Freude" ein, und ließen denselben mit einem Bassin und mit Alleen schmücken. Die Kosten der Herrichtung wurden mit churfürstlicher Erlaubniß aus der Ridler-Kloster-Masse bezahlt und außerdem jährlich ein Zins von 200 fl. von der Ridlerschen Vermögens-Administration zugesichert. Am 18. Juni 1783 nun verließen die Ridler-Ronnen ihr altes Kloster an der Stiege und zogen, 20 an der Zahl, mit ihrer Oberin M. Theresia Burgerin in ihre neue Behausung ein, woselbst am 23. November desselben Jahres noch die Hauskapelle eingeweiht wurde.

Von dieser Ridlerischen Communität nun starben im Verlauf der nächsten 19 Jahre 11 Klosterfrauen, nämlich

am 5. Juli 1785 Antonie Wilhelmsederin,
am 15 Juni 1786 Benevenuta v. Ernst,
am 21. Juni 1786 Aloysia Hopfnerin,
am 31. Dezember 1787 Perpetua Offnerin,
am 14 Mai 1789 Maria de la Stock,
am 3. Juli 1789 Maria Saillerin,
am 18. April 1792 die Oberin Maria Theresia Burgerin,
am 1. März 1794 Maria Deblin,
am 4. Mai 1794 Floriana Le Roy,
am 7. Juli 1795 Appolonia Soyerin,
am 14 April 1797 die Oberin Maria Benonia Weinmanin, des ehe-

maligen Franziskanerinnenklosters ad SS. Joann. Bapt. et Evang. Conventualin.

Diese alle wurden in der Gruft der Elisabethinerinnenkirche bei=gesetzt.

Am 9. August 1802 mußten auf Befehl der Oberlandesdirektion die 8 noch lebenden Stiegen=Klosterfrauen das Gebäude für den Medizinalrath Häberl räumen und zogen 7 davon mit ihrer Oberin Maria Felicitas nach dem St. Johann=Priesterhaus, die achte, Maria Clementina blieb aber bei den Elisabethinerinnen.

Der Christtag 1795 war für das Convent ein großer Freudentag, da der päbstliche Nuntius Hannibal von Genga in der Klosterkirche das hl. Meßopfer verrichtete, und das Convent und Spital besuchte und in letzterem jeden der 30 anwesenden Kranken mit Geld beschenkte.

Große Trübsal aber brachte das darauf folgende Kriegsjahr 1796 in welchem der Churfürst die Stadt München vor den anrückenden Franzosen und Oestreichern verlassen mußte und die beiden feindlichen Armeen sich schon einander beschossen (4. Sept.), so daß die Kugeln überall in der geängstigten Stadt herumflogen.

Einen großen Verlust erlitt das Kloster durch den am 16. Febr. 1799 erfolgten Tod des Churfürsten Carl Theodor, der — wie die Schwestern in ihrer Chronik sich ausdrücken — dem Kloster wahrhaftig ein wahrer Vater gewesen. Denn i. J. 1782 verschaffte derselbe dem Kloster aus seiner Chatulle jährlich 1000 fl.; dann bewilligte er ihm jährlich 300 fl. Salzkreuzer, den Nachlaß aller Decimation, und anstatt der für die Schwestern so beschwerlichen Stadt= und Landsammlung den Schweinkreuzer und 960 fl. jährlich von der Armen=Deputation.

Der Regierungsnachfolger, Churfürst Mar Joseph IV. bewilligte zur großen Freude dem Kloster diese sämmtlichen Gratialien.

Der am 15. Oktober desselben Jahres vorgenommenen Wahl einer Oberin wohnte zum ersten Male außer dem bischöflichen auch ein churfürstlicher Commissär, Secretär und Kanzlist bei. Schwester Maria Xaveria wurde abermals auf weitere 3 Jahre gewählt.

Das darauffolgende Jahr 1800 war wieder voll der Schrecken und Unruhe, da abermals der Churfürst aus seiner Hauptstadt flüchten und diese den am 28. Juni einrückenden Franzosen überlassen mußte. Die Klosterchronik äußert sich über diese Occupation, „daß das Betragen der Franzosen dießmal sehr ruhig war, daß jedoch nicht mehr ge=läutet wurde, was sehr traurig war."

Am 26. November 1800 wurde durch churfürstliche Commissäre das Kirchensilber aufgezeichnet, und die schöne Monstranz und ein Kelch mitgenommen.

Im Juni 1803 mußte auf höchsten Befehl die Messe zum ersten Male deutsch gehalten werden und wurde die figurirte Chormusik abgeschafft; im selben Jahre wurde auch anbefohlen keine Profeß mehr länger als auf ein Jahr machen zu lassen und wurden vom 1 Juni 1804 angefangen statt des lateinischen das deutsche Gebet eingeführt und hiefür neue Bücher angeschafft. Am 16. und 19. Oktober 1805 kamen weitere Befehle wegen der Oberinwahl, des Empfangs der hl. Communion, der Tischlesung, des Chorgebets, welches nicht mehr laut gebetet werden durfte. Bezüglich der Befehle auf Aufhebung des Freithofs soll weiter unten die Rede sein.

Indem ich mich nun zu einer kurzen Beschreibung der Kirche wende, muß ich vorerst erwähnen, daß bereits i. J. 1755 die Elisabethinerinnen einen Kreuzweg errichteten und von den Franziskanern einweihen ließen, wie solches aus nachfolgendem Document hervorgeht.

„Fr. Dalmatius Kick, des Ordens der Mindern Brüder St. Franzisci Seraphici Lector Emeritus, der Reformirten Churbaierischen Provinz Sancti Antonii Paduani Provinzial, Minister und Diener.

„Demnach fast aller Orten schon bekannt, mit was grossen Gnaden „und Ablässen der sogenannte Creuz-Weeg durch verschiedene Päpstliche „Verordnungen häuffig gezieret seye, sonderlich aber, daß jene, so ihne „gehen, alle und jede vollkommene Ablässen gewinnen, welche sie ge„winnen thäten, wann sie den Creuz-Weeg zu Jerusalem selbst persöhn„lich gehen wurden; bebeneben auch dises gleichfalls bekannt, wasmassen „erst jüngsthin Ihro Päpstl. Heiligkeit Clemens XII. nebst Anrühmung „der heiligen Übung des Creuz-Weeges, und eyfriger Ermahnung hierzu, „nebst andern schönen und tröstlichen Erklärungen auch folgende gemacht, „daß gedachter, mit so häufigen Gnaden und Ablässen gezierter Creuz„Weeg durch unsere unter dem Gehorsam des P. Generals des ganzen „Franciscaner-Ordens stehende Obern, oder durch einen von selben be„putirten Ordens-Prediger oder Beicht-Batter auch in andern dem obge„dachten P. General nicht unterworffenen Clöstern, Kirchen, und Gott„seeligen Orten, mit Consens eines Rev︠d︡ Ordinarii und Parochi loci „oder Geistlichen Vorsteher des Orts, könne errichtet und eingeführet „werden.

„Diesemnach allbieweilen die Hoch-Wohl Erwürdige Frauen Elisa„bethlnerinnen beß 3ten Ordens beß H. Seraphischen Baters Fran„cisci obige große Gnaden-Schätz auch zu genüssen, mich geziemend er-

„suchet, ich möchte verordnen, daß durch einen aus denen mir unter-
„gebenen Patribus mehrgedachter Gnadenvolle Creuz-Weeg, nach Laut
„der Päpstlichen Bullen auch in Ihrem Löbl. Kirchlein errichtet und
„eingeführt werde; Als habe Dero heiligen Verlangen zu willfahren
„hiemit verwilligen wollen, daß mehrgedachter Creuz-Weeg durch Einen
„Patrem auß dem Convent München auf die von denen Päpstl. Bullen
„vorgeschriebene Weis, und erhaltenen Gnädigsten Consens eines
„Rev. Ordinarii Frisingensis möge errichtet, folgsam demselben er-
„theilte große Gnaden und Ablaß von denen, so solchen andächtig gehen,
„gewonnen werden."

Datum München, den 28. August 1755.

L. S.   F. Dalmatius Kich, Minister Provincialis.

Schon unterm 10. Juni 1757, noch ehe die Kirche vollendet war,
hatten die Elisabethinerinnen auf Ansuchen die Erlaubniß erhalten, im
Krankenzimmer super ara portatili das hl. Meßopfer zum Trost der
armen Kranken auch an Sonn- und Feiertagen, ausgenommen den
Oster-, Pfingst- und Weihnachtstag, verrichten und von ihnen und außerdem zwei zum Auswarten bestimmten Klosterfrauen anhören zu lassen.

Nachdem im Jahre 1760 die Kirche sammt dem Kloster und Spitalgebäude unter Dach gebracht worden war, erhielt am 20. Oktober
ejusd. anni Joseph Anton Oeffele, utriusque Juris Doctor und Canonicus des Collegiats zu U. L. Frau von Bischof Johann Theodor die
Licenz zur Benedicirung dieser neuerbauten Klosterkirche.

Diese wurde vom Commissär von Oeffele am 9. November 1760
vollzogen, worauf am 11. November die Uebertragung des Sanctissi-
mums nach derselben durch denselben v. Oeffele mit großer Feierlichkeit
und öffentlicher Procession nach folgendem Programme vorgenommen
wurde:

Doppelter Chor, Trompeten und Pauken, welche einander ablösten,

8 barmherzige Brüder mit dem P. Prior und Subprior,

2 Carmeliten,

4 Franziskaner,

8 Augustiner,

16 Säcular-Priester,

4 Canoniker von U. L. Frau,

Das Sanctissimum, getragen von dem Canonicus Dr. v. Oeffele unter
einem Traghimmel (welcher von den PP. Augustinern entlehnt war),

Denselben trugen folgende 4 Kammerherrn: Graf v. Preysing,
Graf v. Lodron, Baron von Segesser, Baron von Rechberg.

Hierauf folgte:

Churfürst Max Joseph III. und Churfürstin Maria Anna, die Markgräfin Maria Josepha von Baden, geborne kaiserliche Prinzessin von Bayern,

der Convent der Elisabethinerinnen,

die Obersthofmeisterin,

die Hofdamen,

die Hofmusik,

die Edelknaben mit Fackeln.

In der neuen Kirche erwartete die Procession der Kron- und Churprinz aus Sachsen mit seiner Gemahlin Antonia, kaiserlichen Prinzessin aus Bayern und drei kgl. sächsischen Prinzessinnen Christine, Elisabeth und Kunigunde, welche fürstliche Personen zu jener Zeit wegen damaliger schwerer Kriegsläufte in Sachsen 2 Jahre lang zu München sich aufhielten.

In der Kirche wurde ein Hochamt mit Te Deum gehalten, welchem außerdem viele Fürsten, Grafen, und hohe und niedere Standespersonen anwohnten. Hierauf besichtigten die höchsten Herrschaften noch den Kloster-Neubau, womit diese denkwürdige Feier schloß.

Diese Kirche wurde nun von verschiedenen Seiten mit frommen Stiftungen bedacht. So stifteten schon i. J. 1763 unbekannte Wohlthäter mit einem Kapital von 7000 fl. ein Meßbeneficium, welches durch Bischof Clemens Wenzeslaus unterm 16. Jänner 1764 bestätigt wurde.

Unterm 21. Juli 1774 stiftete die Hofkammersecretärin Franzisca Frischlin eine Wochenmesse mit einem Stiftungskapital von 1000 fl.

Am 28. Februar 1777 stiftete Marianna Morizin, bgl. Früchtenhändlerin zwei ewige Messen in das Krankenzimmer mit einem Kapitale von 1500 fl.

Die Klosterkirche wurde am 27. August 1777 von Bischof Joseph Ludwig von Freising zu Ehren der hl. 5 Wunden des Weltheilandes feierlich eingeweiht. Dieselbe war freilich glücklicher als jene der barmherzigen Brüder zu St. Max, welch letztere bereits nach 50jährigem Bestande das Schicksal hatte, vom Erdboden zu verschwinden, — der Sturm, der das Convent der Elisabethinerinnen im ersten Decennium des gegenwärtigen Jahrhunderts weggefegt, er vermochte wenigstens nichts dem Spital- und Klostergebäude, nichts der freundlichen Kirche anzuhaben, ja in letzterer trat fast keine Unterbrechung des Gottesdienstes ein und noch heute steht sie da, wie damals, wo noch die alten

Frauen Elisabethinerinnen in ihrem gottgeweihten Raume zum Chor sich versammelten.

Die Kirche gehört noch nicht der Vergangenheit an, wir alle kennen sie aus eigener Anschauung, darum darf ich mich beschränken, nur mit einigen flüchtigen Strichen ihr Bild hier zu entwerfen.

Die Kirche zählt fünf Altäre, einen Hochaltar und vier Seitenaltäre.

Der Hochaltar hat als Mittelstück ein großes hölzernes Crucifix mit vergoldetem Kreuz und bemaltem Christus zwischen den lebensgroßen aus Holz geschnitzten und reich vergoldeten Figuren „Maria und Johannes;" mit zwei Engelköpfen und einer ganzen Engelfigur im Hintergrunde. Neben den Säulen befinden sich zwei große aus Holz geschnitzte und vergoldete Apostelfiguren in sitzender Stellung. Den obern Schluß des Altares bildet eine in Holzschnitz dargestellte Ornamentik mit großer übergoldeter Kugel mit dem aus Holz geschnitzten und bemaltem Bilde Gott-Vaters. Der auf dem Altar befindliche aus Holz gearbeitete Tabernakel mit den zwei Seitenflügeln ist weiß lakirt und mit Vergoldung versehen.

Der erste Seitenaltar an der Südseite gewöhnlich „Christkindel-Altar" genannt, ist mit dem hl. Franz Seraph als Altarbild geschmückt.

Der zweite Seitenaltar auf der Südseite hat das Bildniß der hl. Katharina im Altargemälde und hängt mit einem in Goldrahmen gefaßten Glaskasten zusammen, in welchem der Leib des hl. Alexander liegt in Hülle von Gold, Brocat mit Perlen und reicher Verzierung.

Der erste Seitenaltar auf der Nordseite ist mit dem Altarbild der hl. Elisabeth geschmückt.

Der zweite Altar auf der Nordseite mit der Figur der Mutter-Gottes von Maria-Einsidel und dem Jesukindlein hat kein Altargemälde, sondern bloß einen gemalten Hintergrund zu besagten Figuren. Am Altar ist aber ein in Goldrahmen gefaßter Glaskasten angebracht, in welchem der Leib des hl. Theodor liegt, gehüllt in Goldbrocat mit reicher Verzierung.

Die Kirche war überhaupt mit Reliquien sehr reich versehen, ja so reich, daß sogar zwei hl. Leiber an das Prämonstratenser-Stift Wilten i. J. 1804 käuflich abgetreten werden konnten.

Das Kuppelgemälde stellt die hl. 5 Wunden Christi, das Leben der hl. Elisabeth und das Wirken des Ordens dar.

Die Kirche war und ist noch sehr reich mit Kostbarkeiten und Paramenten versehen.

Schon bei der Vermählung der Prinzessin Maria Josepha von

Bayern mit dem Markgrafen von Baden-Baden (15. August 1755) hatte der Convent von der Prinzessin-Braut das Brautkleid (weiß von Silber) und einen Rock (gelb mit Silber) bekommen, ferner von der Kaiserin Maria Amalie und der Churfürstin Maria Anna ein silbervergoldetes Ciborium und einen solchen Kelch sammt Opferkandeln. Jetzt besitzt dieselbe u. A. noch einen silbernen Reliquienkasten mit Kleidern der hl. Elisabeth, einer Monstranz im Werthe von 300 fl., sechs silberne Kelche, 36 Meßgewänder, einen Kaiserornat von Seide und reich gestickt im Werthe von 200 fl.; eine schöne Orgel im Werthe von 200 fl.

Die Fünf-Wunden-Bruderschaft besitzt eine schöne Bruderschafts-Fahne von rothem Damast mit dem Bild des gekreuzigten Heilands von Hauber gemalt.

Zu den berühmtesten Gegenständen dieser Kirche gehörten aber vor Allen ein Muttergottesbild, welches dieselbe aus Maria-Einsiedeln in der Schweiz i. J. 1764 erhalten hatte, und welches an dem dortigen wunderthätigen Originale angerührt worden war, wie es in der von Bischof Clemens Wenzeslaus unterm 9. Juli 1764 ertheilten Urkunde heißt, worin die Erlaubniß zur Aussetzung für die öffentliche Verehrung gegeben wurde. Hatte schon dieses Muttergottesbild sich bald eines großen Vertrauens und einer besondern Verehrung im Volke zu erfreuen, so war dieß noch mehr der Fall bei dem sogenannten Augustiner-Jesukind.

Bei der Auflösung des Augustinerklosters i. J. 1802/3 hatten sechs von den Elisabethinerinnen den geistlichen Rath und Canonicus bei U. L. Frau, von Degen gebeten, das Gnadenkind von besagten Patres Augustinern ihnen zu schenken, der denn auch ihrer Bitte willfahrte, und ihnen das Jesukind, ferner eine Mutter-Gottes-Rath und drei große und 2 kleine hl. Leiber schenkte.

Die Elisabethinerinnen nun kleideten das Kind auf's Kostbarste und stellten es in ihrer Kirche von Advent bis Lichtmeß zur Verehrung des Volkes auf, das dann zu diesem Gnadenkinde wie früher in der Augustinerkirche großes Vertrauen faßte.

Nachdem das Elisabethinerinnen-Kloster aufgelöst war, sprachen i. J. 1816 jene sechs Exnonnen, welche damals das Gnadenkind erbeten hatten, vom Ministerium das Eigenthum an demselben an, sie wurden aber abgewiesen, da die genannten Gegenstände von der Augustinerkirche ausdrücklich der Klosterkirche, nicht aber den einzelnen Mitgliedern geschenkt worden seien.

Im darauffolgenden Jahre (1817) wurde das berühmte Gnaden-Kind dem Concilium der deutschen Congregation im Bürgersaale auf dessen Bitte hin gegen 1000 fl. für den Armenfond von der Wohlthätig-keitsstiftungsadministration überlassen.

Als nun durch die Transferirung des Gnadenkindes aus der Elisa-bethenkirche nach dem Bürgersaal die Andacht und der Besuch jener erstern Kirche bedeutend sich verminderte, faßte die Ernonne Bernharda Grä-zinger den Entschluß, ein Jesukind derselben Art aus eigenen Mitteln anfertigen zu lassen, welches sie, solange sie die Sacristei besorgte, zur Befriedigung ihrer Andacht sowohl, als der allgemeinen in der Kirche aufstellte. Die Kosten hiefür beliefen sich auf 500 fl.

Die genannte Schwester wurde nach der Auflösung des Instituts im Krankenhause als Krankenwärterin verwendet. Später bewohnte die-selbe ein Zimmerchen im ehem. Elisabethenspital, nachdem sie nach 24-jährigem Krankendienste selber krank geworden war. · 1822 mußte sie dasselbe verlassen, es wurde ihr aber dafür eine jährliche Alimentation von 250 fl. und als Abfindung ihrer Ansprüche auf das erwähnte Jesukind gegen Ueberlassung desselben an das in das Elisabethenkloster verlegte hl. Geistspital eine Summe von 100 fl. bewilligt

Im Genusse dieser Alimentation blieb die Ernonne Grätzinger bis zu ihrem am 27. Nov. 1850 erfolgten Tode.

Diese reichen Kostbarkeiten der Kirche unterlagen aber auch zu ge-höriger Zeit ihrer Anfechtung. So wurde am 2. Oktober 1790 um Mitter-nacht mittels gewaltsamer Ausbohrung der Thüre in der Kirche einge-brochen, und vom Seitenaltar 2 in Silber gegossene Arme mit Reliquien sammt Postamenten von Ebenholz, drei Kästchen von feinstem Silber mit Postamenten, letztere mit silbernen Basreliefs verziert, gestohlen Der Ge-sammtsilberwerth dieser circa 10—12 Pfund schweren Gegenstände betrug 600 fl. Mit Resignation trugen die Schwestern diesen Verlust, der sich inclusive der schönen Arbeit auf ungefähr 1000 fl. belief. Am 14. Jänner 1791 wurde ein Maurerpalier Mathias Huber zur Richtstatt geführt und mit dem Rade hingerichtet, und am 12. Februar darauf ein Wirth, Georg Fischer strangulirt. Beide gestanden, wie es auch im Urtheil zu lesen war, daß sie 8 Tage vor Michaeli des vorigen Jahres den Diebstahl verabredet und am 2. Oktober ihn auch ausge-führt, und daß sie die entwendeten Gegenstände versilbert und das Geld angebracht haben Durch den Capuziner P. Franz Paula, welcher obige zur Richtstatt begleitete, ließen beide Uebelthäter, (welche zu München ansässig waren) den Schaden dem Kloster abbitten.

Bezüglich der Kirche dürfte noch zu erwähnen sein, daß Bischof Johann Theodor i. J. 1762 den Elisabethinerinnen die Licenz ertheilte, in ihrem Kloster-Chor die Kreuzweg Andacht einzuführen

Papst Pius VI. aber ertheilte dem Spital und der Kirche unterm 21. Juni 1777 und 19. December 1778 theils neue Privilegien, theils erweiterte er die alten bezüglich Lesung der hl. Messen an jedem Tag der Woche.

Wie bereits Anfangs erwähnt, hatten die Elisabethinerinnen außer der Erlaubniß zur Errichtung eines Klosters, Spitals und einer Kirche auch jene zur Anlegung eines Freithofs bei ihrem Kloster zu München vom Churfürsten Max III erbeten und erwirkt.

Gegen letztere wehrte sich nun mit allen Kräften der Dechant von St. Peter, und reichte i. J. 1754 eine eigene Beschwerdeschrift an das Ordinariat zu Freising ein, wogegen jedoch die Elisabethinerinnen excipirten, „daß 1) alle Klöster ihres Ordens an allen Orten von den Ordinariis die höchste Gnade des Freithofs zur Beerdigung der bei ihnen absterbenden armen Kranken sowie auch, dieselben durch ihren Beichtvater mit den Sterbsacramenten versehen zu lassen, hätten; 2) daß auch die barmh. Brüder zu St. Max berei.ß die Concession zur Errichtung eines Freithofes hätten; 3) daß die pfarrlichen Einkünfte und Stolgebühren keine so große Beschränkung erlitten, wie dieß in der Beschwerde angeführt sei, und daß sich die Elisabethinerinnen eben auch nicht dazu verstehen könnten, für die armen Kranken, die bei ihnen versterben, auch noch an die Pfarrei die Beerdigungsgebühren zu bezahlen, nachdem sie ohnedem schon für deren Pflege ꝛc. genug zu thun hätten.

Mit aller Entschiedenheit aber müßten sie gegen den Vorwurf der Gewinnsucht protestiren, wie ihnen solcher vom Dechant von St. Peter gemacht werde, und habe sie dieser ganz besonders s.l merzlich berührt."

Unterm 28. Mai 1755 eröffnete Bischof Johann Theodor den Elisabethinerinnen, daß, wenn sie einen gehörigen Grund erworben hätten, sie ein Kloster cum clausura sammt einem Freithof erbauen dürften.

Obwohl sie nun die Erlaubniß von Seite des Churfürsten und des Bischofs hatten, stellten sich doch noch verschiedene Hindernisse bezüglich des Freithofes ihnen in den Weg, so daß am 12. August ejusd. anni Franz Ignaz Albrecht von und zu Werdenstein, Bischof zu Fenaria und Domcapitular und General-Vicar zu Freising einen wohlmeinenden Brief an die Vicarin der Elisabethinerinnen zu München schrieb, worin er von der Errichtung eines Freithofs abrieth, da dieß wegen der von

den Stadtpfarrern in den Weg gelegten Obstacien zu nichts anderm
führen werde, als ihnen verschiedene Gehässigkeiten auf den Hals zu
laden.

Inzwischen war dem Dechant von St. Peter vom Bischof Johann
Theodor das Commissorium zur Benedicirung des neuen Freithofs der
Elisabethinerinnen übertragen worden. Dagegen verwahrte sich dieser
nicht nur, sondern protestirte unterm 20. Oktober 1755 neuerdings gegen
die Errichtung eines solchen, seiner Pfarrei zum größten Nachtheil ge-
reichenden Freithofs.

Dieser Protest wurde den Elisabethinerinnen von Freising aus zur
Beantwortung überschickt, welche sie am 23. Oktober 1755 abgaben. Sie
erwähnten hiebei, daß durch die von ihnen ausgestellten Reversalien
die jura parochialia hinlänglich gewahrt seien, bezogen sich darauf, daß
S. bischöfl. Eminenz auch den barmherzigen Brüdern zu München und
ihrem eigenen Orden und Kloster zu Azlburg bei Straubing einen
Freithof bestätigten und baten um einen andern Commissär.

Diese Reversalen aber lauteten:

„Ich Schwester Maria Franzisca, der Zeit Oberin und Schwester
„Maria Johanna Nepomucena Bicarin ord. S. Elisabethae der dritten
„Regel S. Francisci Bekennen in krafft dieses brieffs für uns und alle
„unsere Nachkommen, offentlich und thuen kundt männiglich; Demnach
„Se. Dchl. Eminenz Johann Theodor der Heyl. Römischen Kirchen
„Cardinal, Bischof zu Freysing, Regensburg und Lttrich, Herzog in
„Bayrn ꝛc. ꝛc. als gnädigster Herr Ordinarius auf unser beschehenes
„demüthigstes anlangen um den erforderlichen ordinariats-Consens, daß
„ein Kloster unsers Ordens nebst der dazu gehörigen Kirchen und ein
„Freythof für die in sothannem Kloster versterbende krankhe weiblichen
„geschlechts in dem von uns neuerlich erkaufften garten vor dem Sent-
„linger Thor nächst München, errichtet, auch von unsern zukünfftigen
„beichtvattern denen krankhen die Sacramenta administrirt werden
„dürffen, uns sovil zur gbst. resolution bedeuten lassen, wie daß wir
„allforderst um sicherstellung deren pfärrlichen gerechtsamen, dann Ver-
„hüetung all künfftiger streitt- und irrigkeiten, ratione sepulturae et
„funeralium, so anders nachfolgende puncta durch uns und unsere
„Nachkommen unsers heil. ordens je und allzeit Best nnd unzerbrüchlich
„zu halten, und darwider auf keine weis zu handlen, mittelst abgebung
„schrifftlicher reversalien feyerlich versprechen sollen, in gefolge dessen,
„uns. auch der gbste Ordinariats-Consens zu erbauung eines freybthofs
„eventualiter würckhlich zugesaget worden ist.

„Also geloben und versprechen wir hiemit auf das verbündtlichste,
„als es geschechen kan oder solle, daß, weilen

„Erstens ein von unfürdenckhlichen jahren in München eingeführter
„brauch ist, daß jederzeit die kranckhe Personen, ehe und bevor sie in
„ein Kranckhenhaus oder Spittal überbracht werden, ihre Beicht ablegen,
„und von der Pfarr aus mit SS™͎° versehen werden, wir hierinfals
„denen Herrn Pfarrern im mindesten nichts präjudiciren, sondern
„dieser hergebrachten gewohnheit, sovil diejenige Personen anbelanget,
„welche ob periculum mortis die proviston nöthig haben, uns gleich
„andern Spitälern geziementß fügen wollen. Ingleichen

„Andertens solle einer kranckhen Person die freyheit, ihr selbsten
„eine grabstatt nach belieben zu erwehlen, von uns iederzeit unbenom-
„men seyn, da vorab ohnehin vermög deren geistlichen satzungen solche
„wahl jedem frey gelassen wird, jedoch wollen wir uns hiebey aus-
„drücklentlich vorbehalten haben, daß dieses jedesmahl ohne unseren
„nachtheil, entgelt oder unlösten geschechen solle. Im fahl aber
„Drittens eine kranckhe freywillig verlangen solle, bey uns im freyd-
„hof begraben zu werden, so solle solches woll in allweeg, jedoch nit
„anders vollzogen werden, als daß die Verstorbene nur mit einer heili-
„gen Meß begraben, hingegen die gewöhnliche Funeralgottesdienst in
„derjenigen Pfarr-kirchen, wohin sie ansonst gehörig wäre, gehalten,
„und von denen befreundten auch die oblata alba und niemahl in un-
„serer Kirchen oder Capellen, auf den altar geleget, nitweniger alle
„sonst gewöhnliche funeral-gebühren bey selber Pfarr abgeführt werden;
„wo wir im übrigen uns der sicheren Hoffnung getrößten, daß, sowenig
„als wir gedenkhen, einen Herrn Pfarrer in seinen hergebrachten
„Pfärrlichen Rechten die mindeste beeinträchtigung zu machen, eben so
„wenig uns werde abgegonnet werden, daß, wann eine kranckhe über
„die sonst hergekommene drey funeral-Gottesdienste, etwan aus sonder-
„bahrer anbacht und freymüthig, weitere Gottesdienste oder Messen in
„unserer Kirchen und Begräbnus-orth besonders verordnen solte, solche
„bey uns, nach vorgegangenen Pfärrlichen funeral-Gottesdiensten ge-
„halten werden dörfften.

„Daferne aber
„Vierttens eine kranhke absque electione sepulturae bey uns ver-
„sterben solte, welche ansonst rite et legaliter constitutam sepulturam
„majorum hat, so wollen wir ganz nit entgegen seyn, daß selbe in
„erwehnte sepulturam majorum doch widerum ohne unseres Klosters
„entgelt und praejudiz gebracht, und Aülbort begraben werden möge.
„Wohingegen uns eingestandten wirdet, daß all-übrige bey uns ver-
„sterbende, welche weder ihre sepulturam selbst erwehlet, noch sepul-.

„turam majorum legaliter constitutam haben, in unserem Freydhof,
„jedoch solchergestalten beerdigt werden mögen, daß gemäß denen vorigen
„puncten anburch denen Pfarrern in ihren consuetis juribus et exe-
„quiis nit das minbeste entgehen solle.

„Gleichwie wir nun all dises vollkommentlich zu halten und zu voll-
„ziehen heilig versprechen, also thuen wir auch zu dessen urkund ge-
„genwärtige reversales aigenhändig unterschreiben und unsers Ordens
„Sigill beybrucken. Geschehen München den 7. Monatstag Nov. im
„aintausent Sibenhundert fünff und fünffzigsten Jahr.“

Darauf hin wurde, nachdem die Schwestern insbesondere den oben-
genannten General=Vikar von Werdenstein zu gewinnen gewußt hatten,
burch dessen Vermittlung am 3. Jänner 1756 dem Canonikus Dr. Deffele bei U. L. Frau das Commissorium ertheilt, den neuen Freithof
einzuweihen, sobald dieser vollständig hergestellt und eingefangen sein
würde.

Endlich gab der Dechant von St. Peter doch insofern nach, als
er am 20. Jänner 1756 auf das ihm zugefertigte Decret sich dahin er-
klärte, daß er, um so vielen und so großen Streitigkeiten und Zwistig-
keiten ein Ende zu machen, sich der bischöflichen Willensmeinung füge,
jedoch unter dem Vorbehalt, daß den von den Elisabethinerinnen ausgestellten Reversalien noch am Schlusse die Clausel beigefügt würde,
daß sie des privilegii circa sepulturam ipso facto verlustig sein sollten,
wenn sie die jura parochiala in irgend etwas beschränkten.

Die Elisabethinerinnen erhielten nun den Auftrag, sich hierüber zu
erklären, resp. die Clausel anzunehmen, womit der Streit sein Bewenden
hatte.

Die Einweihung des Freithofs erfolgte sodann am 14. Februar
1756 durch den Canonicus Joseph Deffele im Beisein von 2 Leviten,
dem Kloster=Curaten und mehreren andern geistlichen und weltlichen
Personen.

Gleich darauf, den 19. Februar ist die erste Kranke verstorben
und dort beerdigt worden. Am 14 Februar 1759 wurde auf diesem
Friedhof auch die oben erwähnte Gräfin Maria Anna von Spreti
geb. Freiin von Beccaria, Gemahlin Seiner Excell. des Grafen Hyro-
nimus v. Spreti, churfürstl. Kämmerer, Geh.=Rath, General=Feld-
marschall=Lieutenants, Hartschier=Lieutenants und Georgiritters, begraben,
welche zwei Tage vorher im Spital, das sie seit 1. Oktober 1758
wegen hohen Alters und Kränflichkeit bezogen, verstorben war. Am 14.

März 1741 wurden ihre Gebeine erhoben und mit drei derzeit verstorbenen Elisabethinerinnen in die neue Gruft transferirt.

Im J. 1777 gab es abermals Streit zwischen dem Dechant von St. Peter und den Elisabethinerinnen und zwar wegen des Stubenmädchens der Frau Bürgermeisterin v. Zech, welches zugleich eine hiesige Bürgerstochter war.

Dieses Stubenmädchen war auf dem Klosterfreithof begraben worden obwohl es auf Verlangen seiner Befreundeten in der Familiengrabstätte auf dem allgemeinen Freithof hätte begraben werden sollen. Die Mutter (Lehenrößlerin) des Mädchens hatte sich sogar erboten. Alles dem Dechant zu bezahlen, wenn er nur ruhig sein und nicht die Frauen Elisabethinerinnen behelligen wollte, womit jener aber sich nicht zufrieden gab, selbst dann nicht, als der Bürgermeister von Zech gleichfalls in's Mittel trat, die Sache gütlich beizulegen.

Die Freithöfe besaßen bekanntlich — ihrem Namen entsprechend — das Privilegium, daß jeder auf demselben befindliche und selbst der Verbrecher, der sich dahin geflüchtet hatte, gefreit, vor dem Arme des weltlichen Richters sicher war.

Da nun 1760 in der bayerischen Armee die Desertionen überhand nahmen, eine Folge der schlechten Organisation und Disciplin einerseits, der mangelhaften Verpflegung und unregelmäßigen Auslöhnung anderseits, sah sich Churfürst Max III. gezwungen, vom Pabst die Concession zu erbitten, daß derlei Deserteurs auch auf den Freithöfen aufgegriffen werden dürften, und erhielten deßhalb die Elisabethinerinnen vom Bischof Johann Theodor die Weisung, sich an den Weihbischof Albert von Werdenstein als General-Vicar zu wenden, wenn solche Deserteurs sich auf ihren Freithof flüchten, damit diese dem Churfürsten ausgeliefert werden könnten.

Dieser Freithof war überhaupt der Gegenstand der Anfechtung zu allen Zeiten für das Kloster gewesen, wegen dessen die Schwestern der unruhevollen Stunden und Verdrießlichkeiten gerade genug gehabt. So hatte die Landesregierung schon i. J. 1788 einmal sich mit dem Gedanken getragen, den Klosterfreithof zu einem allgemeinen Leichenacker umzuwandeln. Am 14. Juni jenes Jahres wurden plötzlich, ohne Ausweisung eines chrftl. Befehls die Planken eingerissen, der Platz abgemessen und hiefür 942 fl. Entschädigung an das Convent bezahlt, allenfalls mit der churfürstlichen Ungnade gedroht. Obwohl die Elisabethinerinnen in wiederholter Vorstellung zur Abwendung dieses Schadens sich an den Churfürsten wandten, so konnten sie doch

nicht durchbringen, es wurde zur Vergrößerung des Platzes der an-
stoßende, zum St. Joseph-Spital gehörige Anger sowie das Spitzangerl
vom Hofwaisenhaus dazu erkauft, der Arbeitsleute immer mehr aufgestellt, und der Grund fast ganz heraus gemauert. Da nahm sich
das Collegium medicum der Sache an, und sprach sich in einem Parere
über den ungesunden Platz aus; und die verwittwete Churfürstin schrieb
eigenhändig nach Mannheim, und erwirkte unterm 19. Juli den Befehl
zum Einhalt des Baues. Die Materialien wurden zum allgemeinen
Leichenacker vor dem Sendlingerthore geführt, die Elisabethinerinnen
zahlten die 942 fl. zum geistlichen Rath zurück, und erhielten 200 fl.
Ersatz für die Beschädigungen.

Sie kauften dann, wie oben erwähnt, die Wiese vom Josephs-
Spital für sich um 666 fl. und eben so auch das Spitzangerl um
100 fl. und ließen das ganze Areal mit einer Planke umgeben.

Wie der Freithof zu St. Mar wurde auch jener der Elisabethinerinnen und zwar dieser im Oktober 1806 noch vor Aufhebung des
Spitals selber außer Gebrauch gesetzt und die Beerdigung aller dortselbst Verstorbenen auf dem allgemeinen Leichenacker vor dem Sendlingerthor angeordnet.

Die Elisabethinerinnen wehrten sich zwar dagegen mit allen Kräften, und reichten Vorstellungen über Vorstellungen ein, daß man ihnen
wenigstens gestatten möge, die verstorbenen Chorschwestern auf ihrem
Freithof begraben zu dürfen, oder, daß wenigstens ihr Beichtvater
die Beisetzung nach dem äußern Gottesacker vornehmen dürfte. Beides
wurde abgeschlagen und so wurde denn am 26. Oktober 1806 die erste
verstorbene Kranke und am 5. Februar 1807 die erste Chorschwester
(Maria Bonaventura) auf dem äußern Gottesacker durch den Dechant
von St. Peter begraben.

Schließlich erübrigt mir noch von der Auflösung des Klosters und
Spitals der Elisabethinerinnen das Nöthigste anzuführen.

Vorher aber dürfte noch zu erwähnen sein, daß für die Elisabethinerinnen
wie auch für die barmherzigen Brüder zu Anfang dieses Jahrhunderts ein
neues Feld ihrer Thätigkeit durch die damaligen Kriege mit der französischen
Republik sich eröffnete. Indem die Stadt München zu wiederholten Malen von
befreundeten und feindlichen Truppenkörpern durchzogen und deßhalb die Anlage von Feldspitälern nothwendig wurde, mußten auch die Religiosen der
Klöster sich zur Krankenpflege verwenden lassen. Wie der um München's Ge-
schichtschreibung hochverdiente Jos. Felix Lipowsky in seiner von ihm
eigenhändig hinterlassenen Biographie anführt, mußte nach der Schlacht

von Hohenlinden auf Befehl des französischen Obergenerals ein drittes Feldspital in München errichtet und eine große Zahl österreichischer Kriegsgefangener dortselbst untergebracht werden.

Lipowsky, der damals General-Landes-Directionsrath war und zugleich als Stadtcommandant functionirte, besorgte aus Auftrag der Hofcommission auch die Einrichtung dieses Feldspitals und verwendete zur Krankenpflege 46 Religiosen, insbesondere dem Orden der barmherzigen Brüder und der Elisabethinerinnen angehörend.

Diese Auflösung erfolgte gleichzeitig, unter denselben Modalitäten, ja sogar in demselben allerhöchsten Rescript vom 16. März 1809 König Max Josephs I., welches auch die Aufhebung des Spitals zu St. Max und die Errichtung eines allgemeinen Krankenhauses verfügte.

Nach §. 1. dieses Rescripts wurde aus beiden Spitälern, sowie aus den bis dahin bestandenen Krankenanstalten in Folge der organischen Bestimmungen vom 7. März 1808 ein allgemeines Krankenhaus für das männliche und weibliche Geschlecht der Stadt München gebildet; die bisherige Verfassung des Instituts der barmherzigen Schwestern, wie auch jene der barmherzigen Brüder wurde aufgelöst und die Glieder desselben von der Verbindlichkeit des gemeinschaftlichen Zusammenlebens v o m 1. A p r i l 1809 angefangen, gänzlich entbunden.

Die Gebäude und das ganze Vermögen des bisherigen Instituts an Kapitalien, Realitäten, Rechten, Mobilien, Naturalien, Vorräthen, Aktivausständen und Baarschaften blieben dem ursprünglichen Zweck der Fundirung — der Krankenpflege, in der Residenzstadt München gewidmet, und die Passiva dieser Institute gingen als Lasten auf das consolidirte Vermögen der Krankenpflege über.

Die Glieder des Instituts, welche zur wirklichen Profeß zugelassen worden sind, erhielten eine ihrer individuellen Erwerbsfähigkeit und dem Vermögen des Instituts angemessene Alimentation (250 fl. jährl.), die übrigen Individuen eine Aversal-Abfertigung (von 100 fl.). Die Schwestern mußten jedoch auf Verlangen des dirigirenden Arztes sich wieder als Krankenwärterinnen verwenden lassen.

Der Exreligiose Xav. Reinweller, welcher im Institute die Stelle eines Disciplinar-Commissärs versehen hatte, wurde entlassen, dagegen der Ex-Capuziner Johann Friesenegger, welcher als Hilfspriester fungirt hatte, provisorio modo beibehalten. Ebenso wurde der Weltpriester Z a h n, welcher die Stelle eines Curatpriesters versehen hatte, als solcher beibehalten.

Am 7. April 1809 begaben sich der Administrationsrath von Ilg und der Professor, Dr. med. Koch in's Kloster zu St. Elisabeth, ließen dort den ganzen Convent sich versammeln, und verlasen demselben das Allerh. Rescript über die Auflösung, worauf sämmtliche Ordensmitglieder das Protokoll unterschrieben. Vom Medicinalrath Häberl wurden später 13 von den Klosterfrauen zum Krankendienst gewählt, welchen freier Unterhalt und eine monatliche Remuneration von 7 fl. gewährt wurde.

Die Oberin Susanne Poppenberger, welche zur Zeit der Auflösung schon hochbetagt und leidend war, bat, im weiblichen Krankenhaus bleiben zu dürfen, indem sie in einem Alter von 70 Jahren wegen ihrer Krankheitsumstände nirgends ein Unterkommen fand und wenigstens die paar Tage ihres Lebens auf eine ruhige Krankenpflege, die sie so viel hundert armen Kranken selbst erwiesen, Ansprüche machen zu dürfen glaubte.

Auf den gemeinschaftlichen Bericht der besonderen Stiftungsadministration und der Direction des allgemeinen Krankenhauses in München an's Ministerium erfolgte unterm 4. Juli 1809 die allerh. Entscheidung, daß die Susanne Poppenberger in dem Zimmerchen im Spital gegen jährliche Miethe von 50 fl. und einen täglichen Verpflegungsbeitrag von 20 kr. verbleiben könne.

Das war das Ende des Spitals, somit hatten die Elisabethinerinnen ihre Rolle ausgespielt. Die Gebäude aber blieben sämmtlich in unversehrtem Zustande stehen, zum Theile unbewohnt, ein Theil davon, das sogenannte Klösterl wurde 1812 zur landärztlichen Schule durch eine Concurrenz von den Communen per 16,000 fl. erkauft. Da richtete der Magistrat sein Augenmerk auf diese schönen zweckmäßig aufgeführten Gebäude, die dann i. J. 1822 mit einem Kostenaufwand von über 20,000 fl. für die Aufnahme des hl. Geistspitals, jener durch Herzog Ludwig den Kelheimer gestifteten ersten Versorgungs- und Pfründe-Anstalt Münchens, welche von 1200 bis 1822 neben der hl. Geistkirche bestanden hatte, adaptirt wurden, so daß bereits i. J. 1823 die Transferirung des hl. Geistspitals in das ehemalige Elisabethenspital vor sich gehen konnte.

Wie im allgemeinen Krankenhause, so waren auch in diesem Spital anfänglich gewöhnliche Wärterinnen gegen bestimmten Lohn gedungen. Nachdem jedoch die Erfahrung bewiesen hatte, daß gemeiner Lohn jene sorgfältige Dienstleistung für die Kranken nimmermehr hervorzubringen im Stande sei, welche ein religiöses Princip bewirkt, so erließ König Ludwig I. eine allerhöchste Entschließung, welche in

den Stellen, die auf das alte Elisabethenkloster Bezug haben, zum
Schlusse hier noch abgedruckt werden soll.

So lautete ihr Eingang:

„Ludwig :c. In Erwägung der großen Vortheile, welche die der
Krankenpflege gewidmeten religiösen Orden früher in Bayern gestiftet
haben, und gegenwärtig in andern Staaten noch stiften, dann in Be-
rücksichtigung der im VII. Artikel des Concordats wegen Wiederher-
stellung solcher Orden enthaltenen Bestimmungen haben wir uns be-
wogen gefunden, zu beschließen wie folgt:

„I. Das anno 1754 von der Höchstseel. Kaiserin Marie Amalie
in München gestiftete und i. J. 1808 wieder aufgelöste Kloster der
Elisabethinerinnen soll in der Art wieder hergestellt werden, daß dasselbe kein besonderes Spital für weibliche Kranke in seinem Innern
enthält, sondern die Mitglieder derselben die Pflege der Kranken im
allgemeinen Krankenhause zu übernehmen haben.

„II. Da mit dieser neuen Bestimmung des Klosters die Ordens-
regeln der ehemaligen Elisabethinerinnen nicht ganz vereinbarlich sind,
sondern dieselbe mehr den Statuten der in Frankreich vom hl. Vincenz
v. Paula für den Zweck der Krankenpflege gegründeten weiblichen
Orden entspricht, so werden der Regierung des Isarkreises die vom
kgl. französischen Ministerium der geistlichen Angelegenheiten mitge-
theilten Statuten dieses letztern Ordens mit dem Auftrag übersendet,
sich wegen gänzlicher oder theilweiser Anwendung derselben auf das in
München zu errichtende Kloster mit dem hiesigen erzbischöflichen Ordi-
nariate sogleich ins Benehmen zu setzen, hiebei auch die Ordens-
Regeln der Elisabethinerinnen soweit es nach der in §. I.
enthaltenen Bestimmung geschehen kann, dann die ebenfalls mitfolgen-
den bereits vorliegenden Entwürfe solcher Ordensstatuten nebst Dienstes-
Vorschriften für die Oberkrankenwärterin in gesundheits-polizeilicher
Beziehung zu berücksichtigen, und die Resultate demnächst mit Gutachten
berichtlich vorzulegen.

„III. Nachdem das Gebäude der ehemaligen Elisabethinerinnen für
einen andern gleich wohlthätigen Zweck, nämlich zur Aufnahme der
Pfründner und Pfründnerinnen des vormaligen hl. Geistspitals bereits
verwendet ist, so bestimmen Wir einstweilen, bis in der Folge der noch
fehlende linke Flügel dieses Gebäudes hergestellt sein wird, das Gebäude
der nach Landshut verlegten chirurgischen Schule nebst dem dazu ge-
hörenden Garten für das neu zu errichtende Kloster der barmherzigen
Schwestern. Als Kirche für dieselbe hat jedoch die Kirche der vor-

maligen Elisabethinerinnen, zu welcher von dem erwähnten Gebäude aus ein bedeckter Gang führt, auch in Zukunft zu dienen.«

Es wurden nun aus dem Mutterhause zu Straßburg i. J. 1832 die ersten beiden Schwestern, Ignatia Jorth und Apollonia Schmitt zur Gründung des Ordens hieher berufen, welche am 10. März 1832 Nachmittags 4 Uhr hier eintrafen und an der Pforte des Krankenhauses von einer magistratischen Deputation empfangen wurden.

Schon am 30. Mai hatte die erste Einkleidung von 14 Novizinnen in der Spitalkirche von St. Elisabeth durch den Bischof Ignaz v. Streber im Beisein der k. Prinzessin Mathilde und einer großen Volksmenge auf die feierlichste Weise statt.

Bald wurde hinter dem allgemeinen Krankenhause mit dem Bau eines großen Klosters und einer eigenen dem hl. Ordensstifter Vincenz v. Paula geweihten Klosterkirche begonnen und dieses zum Mutterhaus des Ordens in Bayern erhoben.

Diese neuen barmherzigen Schwestern bewährten sich als würdige Nachfolgerinnen der Elisabethinerinnen im Geiste der christlichen Nächstenliebe, so daß der Magistrat der Stadt München in Würdigung und Anerkennung ihrer Verdienste um das Wohl der leidenden Menschheit den Orden alsbald in allen städtischen Wohlthätigkeitsanstalten einführte, wodurch derselbe außer dem allgemeinen Krankenhaus und dem hl. Geistspital gegenwärtig noch am städtischen Krankenhaus r/J., Josephspital, Armenhaus am Anger, Kinderspital, an den Filialen von St. Ludwig, St. Bonifaz, St. Peter, am Armenhaus Gasteig, Nikolai-Spital, an der Krippenanstalt St. Anna, St. Bonifaz und am Armenhaus am Kreuz mit 226 Mitgliedern (wovon 168 Professinnen, 31 Novizinnen, 27 Candidatinnen) wirkt.

Zum Schlusse meiner Darstellung möchte ich noch erwähnen, daß der hiesige Magistrat in seiner bekannten Fürsorge und Opferwilligkeit für das Armenwesen in den Jahren 1844—1848 eine großartige Erweiterung der Gebäulichkeiten des hl. Geistspitals mit einem Kostenaufwande von 150,000 fl. vornehmen ließ, so daß dieses Spital als eine Musteranstalt ihres Gleichen sucht und unserer Stadt zu aller Ehre gereicht. Daß aber die Stifter, die edle Kaiserin Marie Amalie der alten Bayern unvergeßliche Churfürst Maximilian und die wackern Frauen Elisabethinerinnen nicht vergessen sein, sondern im dankbaren Andenken der Nachwelt fortleben und viele würdige Nachfolger ihres hochherzigen Beispiels christlicher Nächstenliebe finden mögen — dazu sollen diese Zellen dienen. Mögen sie nicht umsonst geschrieben sein!